蒙 台 梭 利 幼 儿 教 育 丛 书

单中惠 主编

童年的秘密

【意】玛丽亚·蒙台梭利 著　单中惠 译

山东教育出版社

图书在版编目（CIP）数据

童年的秘密 /（意）玛丽亚·蒙台梭利著；单中惠译.
—济南：山东教育出版社，2018
（蒙台梭利幼儿教育丛书 / 单中惠主编）
ISBN 978-7-5701-0256-3

Ⅰ. ①童… Ⅱ. ①玛… ②单… Ⅲ. ①早期教育－教育理论 Ⅳ. ①G610

中国版本图书馆CIP数据核字（2018）第111924号

MENGTAISUOLI YOUER JIAOYU CONGSHU
TONGNIAN DE MIMI

蒙台梭利幼儿教育丛书　　单中惠　主编
童年的秘密　［意］玛丽亚·蒙台梭利　著　单中惠　译

主管单位：山东出版传媒股份有限公司
出版发行：山东教育出版社
地址：济南市纬一路 321 号　邮编：250001
电话：（0531）82092660　网址：www.sjs.com.cn
印　刷：山东泰安新华印务有限责任公司
版　次：2018 年 10 月第 1 版
印　次：2018 年 10 月第 1 次印刷
开　本：710 毫米 × 1000 毫米　1/16
印　张：14
印　数：1-5000
字　数：171 千
定　价：49.00 元

（如印装质量有问题，请与印刷厂联系调换）印厂电话：0538-6119313

总 序

自20世纪成为“儿童的世纪”以来，意大利著名幼儿教育家玛丽亚·蒙台梭利（Maria Montessori）通过她的“儿童之家”实践和理论被世人誉为“儿童世纪的代表”。1907年1月6日，她在意大利罗马创办了第一所“儿童之家”，开始了举世闻名的“儿童之家”教育实验和幼儿教育理论研究。作为现代幼儿教育大师，蒙台梭利不仅倾注自己的全部精力投身于幼儿教育实践，而且潜心于幼儿教育问题的思考和幼儿发展的研究，还在创立具有特色的幼儿教育体系的同时，积极地在世界范围进行宣传推广和教师培训。因此，在幼儿教育理念和方法的革新上，对20世纪以来的世界各国幼儿教育发展和改革产生了巨大而深远的影响。

对于蒙台梭利的幼儿教育实践和理论，世界上很多国家的教育家给予了高度评价和充分赞誉。这里，我们精选其中一些教育家的评价和赞誉：

美国教育家杜威（J. Dewey）在《明日之学校》中指出：“在传播对任何真正的教育都不可缺少的自由方面，蒙台梭利已成为一个最重要的人物。”

瑞士心理学家和教育家皮亚杰（J. Piaget）在《教育科学与儿童心理学》中指出：“蒙台梭利……对于特殊儿童心理机制的细致观察，便成了一般方法的出发点，而这种方法在全世界的影响是无法计算的。”

英国教育家拉斯克（R. R. Rusk）和斯科特兰（J. Scotland）在《伟

大教育家的学说》中指出："蒙台梭利体系最有意义的特点是教育的个性化。……在相当短的时间里，玛丽亚·蒙台梭利就得到了国际上的认可。……因为蒙台梭利的体系像卢梭、裴斯泰洛齐和福禄培尔的体系一样，是建立在相信每一个儿童具有天赋潜能这一信念基础上的，所以，她被公认为进步教育的一个先驱者。"

当代澳大利亚教育家康乃尔（W. F. Connell）在《二十世纪世界教育史》中指出："蒙台梭利的影响是深远的，也许对世界上每一个国家都有影响。在幼儿教育方面，自德国幼儿教育家福禄培尔时代以来，蒙台梭利的影响是最大的。"

当代德国比较教育学家赫尔曼·勒尔斯（H. Rohrs）在《世界著名教育思想家》的"蒙台梭利"中指出："玛丽亚·蒙台梭利首创的一个国际范围的丰富多彩的计划，至今依然没有堪与匹敌者。……蒙台梭利是国际新教育运动的一位真正的倡导者，因为她的改革不只是一种机械过程，用一些尽可能好的方法去取代旧的方法；她更关注的是生命的重塑和更新。"

当代美国学前教育家莫里森（G. S. Morrison）在《今日早期儿童教育》中也指出："蒙台梭利教育法已经并且至今仍被世界儿童早期教育专业人员和父母所熟知。蒙台梭利教育法能够支持儿童在准备充分的环境中自然地发展。"

尽管蒙台梭利教育思想早在20世纪20年代就在近代中国得到了一定的传播，但蒙台梭利教育在我国得到较为广泛的传播和较为深入的实践是在改革开放之后。其主要表现在：开办了一些蒙台梭利式幼儿园（有的也称为"儿童之家"），生产了成套的蒙台梭利教具，翻译出版了蒙台梭利幼儿教育著作，培训了一批蒙台梭利式幼儿教师，召开了全国性或地区性的蒙台梭利教育研讨会议，开展了与国际蒙台梭利协会（AMI）和美国蒙台梭利协会（AMS）的交流与合作。特别值得注意的是，2015年11月，中国教育学会在山东青岛举办了题为“蒙台梭利教育在中国：科学化、本土化、规范化”的全国性研讨会，会上还颁布了《中国教育学会蒙台梭利学前教育机构认证标准》;2016年又成立了中国教育学会蒙台梭利教育专家委员会，论证通过了《中国教育学会蒙台梭利学前教育教师资质认证标准》和《中国教育学会蒙台梭利教师教育机构认证标准》。

2018年是蒙台梭利的“儿童之家”创办111周年。为了更好地推进蒙台梭利教育在中国的科学化、本土化、规范化，我们翻译和编著了“蒙台梭利幼儿教育丛书”。该丛书主编是中国教育学会蒙台梭利教育专家委员会委员、华东师范大学教育学系博士生导师单中惠教授。

基于理论和实践结合的视角，“蒙台梭利幼儿教育丛书”论及蒙台梭利理论著述和教具操作两个方面，共八册。

在理论著述方面，有四册，具体包括了《科学的幼儿教育方法》（1909）、《童年的秘密》（1936）、《为了新世界的教育/童年的教育》（1946/1949）、《有吸收力的心理》（1949）。除《童年的教育》由上海政法学院教授李爱萍博士、上海政法学院副教授王晓宇博士翻译外，其余译著均由单中惠教授翻译。四册译著系根据蒙台梭利幼儿教育著作英文本翻译的，尽力遵从忠于原著、忠于读者和对文学语言忠诚的“信、达、雅”三个标准。从这四册译著来看，具有体现原汁原味、增加必要注解和标注英文页码三个特色。

在教具操作方面，有四册，具体包括了《蒙台梭利感官训练教具操作》（傅晨、董吉贺、王丛丛等著）、《蒙台梭利实际生活练习教具操作》（傅晨、王玉华、王丛丛等著）、《蒙台梭利数学教育教具操作》（傅晨、贾红梅、王丛丛等著）、《蒙台梭利科学文化教具操作》（傅晨、姜利、董吉贺等著）。四册教具操作由山东女子学院傅晨副教授组织相关幼儿教育学者和幼儿园教师共同编著，尽力清晰地阐述蒙台梭利教具操作理论和具体的操作步骤。

从这四册教具操作来看，在图文并茂地阐述的基础上，更注意凸显“示范点评”。

在“蒙台梭利幼儿教育丛书”出版之际，我们衷心感谢山东教育出版社领导的高度重视和大力支持，同时还诚挚感谢教育理论编辑室主任蒋伟编审以及编辑们的辛勤劳动。

“蒙台梭利幼儿教育丛书”得到了中国教育学会蒙台梭利教育专家委员会的推荐，在此表示最诚挚的感谢！我们期望该丛书的出版，不仅能推进蒙台梭利幼儿教育在中国的发展和研究，而且能给更多的幼儿园教师、幼儿教育工作者和幼儿教育学者以及父母们提供优质的蒙台梭利幼儿教育读物，并从阅读中得到蒙台梭利幼儿思想和方法上的更多启迪。

主编　单中惠

2018年6月

译者前言

对幼儿之谜的潜心探索

单中惠

《童年的秘密》(*The Secret of Childhood*)是一本风靡全球的幼儿教育经典著作。意大利幼儿教育家玛丽亚·蒙台梭利(Maria Montessori, 1870—1952)在这本著作中对幼儿之谜进行了潜心的探索，集中而详尽地阐述了她的儿童观。该著作是她于1936年7月在英国牛津召开第五次国际蒙台梭利会议之际出版的。

自瑞典教育家爱伦·凯(Ellen Key)1900年提出“20世纪将是儿童的世纪”之后，蒙台梭利通过“儿童之家”教育实践和幼儿教育理论体系向世人证明，她是当之无愧的“儿童世纪的代表”。蒙台梭利1870年8月31日出生于意大利安科纳省。在早期的学校生活中，她已萌发了关心和照顾未来儿童的想法。1886年，从中学毕业的蒙台梭利进入高等技术学院学习。出于对生物学的强烈兴趣，她于1890年秋天进入了罗马大学医学院。1896年，通过勤奋学习，蒙台梭利成为意大利教育史上第一位女医学博士。博士毕业后，蒙台梭利担任罗马大学附属精神病诊所助理医生，并利用业余时间从事心智缺陷儿童的神经与心理疾病的研究。从1897年起，她从事心智缺陷儿童的教育工作。1901年，蒙台梭利离开意大利国立特殊儿童学校，开始致力于正常儿童的教育。1907年1月6日，她在罗马的圣洛伦佐区创办了第一所“儿童之家”（Casa dei Bambini）。由此，蒙台梭利开始进行系统的教育实验，设计了各种幼儿教育教具，提出了科学的幼儿教育方法，创立了举世闻名的蒙台梭利教育体系。为了进一步传播自己的幼儿教育理论和方法，蒙台梭利还在国内外开设培训班，培养蒙台梭利学校教师。蒙台梭利的幼儿教育经典著作主要有《科学的幼儿教育方法》（1909）、《童年的秘密》（1936）、《为了新世界的教育》（1946）、《童年的教育》（1949）、《有吸收力的心理》（1949）等。

作为现代幼儿教育大师，蒙台梭利在长期的幼儿教育实验活动中，收集了大量生动而具体的例子。认真的观察和深入的思考使蒙台梭利得出一个重要的结论：童年时期是人生中最重要的一个时期。除生理的发展外，幼儿心理的发展更需要得到重视。因为幼儿正是通过自己的努力形成了个性，在某种意义上说，他成了他自己的创造者。

通过日常生活中的很多例子，蒙台梭利对儿童正在形成中的心理进行了深入的阐释，尤其是对敏感期做了十分精彩的论述。她强调指出，在敏感期，一种神奇的力量正在使儿童孤弱无助的状态消失，并用它的精神去激发他。

蒙台梭利还阐述了成人在睡眠、行走、活动等方面给儿童造成的障碍。她甚至这样指出，没有儿童的帮助，成人将会变得颓废。如果成人不一点一点地自我更新的话，一层硬壳就开始在他的周围形成，最终将会使他变得麻木不仁和冷漠无情。

具有很大启迪的是蒙台梭利对儿童心理畸变的表现及其原因的阐释。结合心灵神游、心理障碍、依附成人、占有欲、权力欲、自卑情结、恐惧、说谎等心理畸变，她明确指出，这些心理畸变不是孤立存在的，而是相互联系的。如果不及时加以矫正的话，那么这些心理畸变将会伴随人的一生。

蒙台梭利还阐述了成人的工作和儿童的工作，并对这两种工作的不同进行了简要的比较。她深刻指出，儿童与成人之间的冲突主要是由成人引起的。因为在儿童的发展过程中，成人始终像一个拥有惊人力量的巨人站在边上，随时等待着猛扑过去并把他压垮。

最后蒙台梭利论述了父母的使命。“所有父母都肩负着一个伟大的使命……因为他们的手中确实掌握着人类生命的未来。”特别是，她在本书中提出了“儿童是成人之父”这个富有哲理的观点。这看起来似乎是有点矛盾的，但实际上充满睿智。如果成人忘记自己曾经是一个儿童，那他就不能给幼儿提供一个适宜发展的环境，就不会去化解自己与幼儿之间的冲突。

通过蒙台梭利对幼儿之谜的潜心探索，父母和教师可以清楚地意识到，儿童并不是一个只能从外表上进行观察的陌生人。实际上，一个人的个性正是在他的童年时期形成的。正因为如此，父母和教师必须努力去了解尚未被自己认识的儿童，并把他从所有的障碍物中解放出来。

潜心探索童年的秘密，是蒙台梭利一生所追求的理想。所以，当她1949年春结束在巴基斯坦的访问和演讲时，人们送给她一只大蛋糕，上面用奶油裱成一本书的形状，并写着：“感谢您发现了童年的秘密！”因此，美国国际蒙台梭利协会教育委员会主席斯蒂芬森（Margaret E. Stephenson）这样指出：“儿童是永恒的。在每个时代里，都有儿童的存在，并将不断地诞生，直至死亡；而且，没有史前时代的儿童、中世纪的儿童、维多利亚时代的儿童和现代的儿童之分。事实上，只有所有时代和所有种族的儿童。他们是传统的继承者、历史的承受者、文化的融合者及通向和平之路的使者。……如果我们将刚出生的儿童和三岁儿童进行比较的话，就会发现他们之间有着如此巨大的差异，已经发生了那么剧烈的变化。这种剧烈的变化就是'童年的秘密'。蒙台梭利博士所做的，就是要证实在幼儿身上存在着这种变化的力量，而这一点似乎尚未被人们所认识。她毕生所追求的，就是帮助儿童发展，并使儿童的个体潜能最充分地得以实现。”

本书是根据芭芭拉·巴克利·卡特（Barbara Barclay Carter）1939年出版的《童年的秘密》英文本翻译的。在蒙台梭利出版《童年的秘密》一书三年后，卡特翻译的英文本由美国纽约的弗雷德里克·A.斯托克斯图书有限公司出版。1983年，英国伦敦的桑盖姆图书有限公司又出版了卡特的英文本，其中有两处在顺序上做了调整：（1）第一部分第四章“成人对儿童的阻碍”的“有目的的活动”一节中新划出了“节奏”一小节，并与“成人的暗示”“运动的重要性”“爱的智慧”这三个小节一起构成第五章“节奏”；（2）第二部分第四章“心理畸变”中把“心理畸变对身体的影响”和“说谎”这两节的前后位置做了颠倒。为方便读者阅读，本书在翻译时采纳了1983年英文本的第二处调整。

《童年的秘密》一书的翻译出版，无疑能对那些想去了解幼儿之谜的人提供一些指导和帮助。可以相信，所有的父母和教师都会从这本书的许多具体事例和理论阐述中得到深刻的启迪。更值得注意的是，蒙台梭利在本书中所列举的许多例子，在我们的现实生活中就可以看到。

目录

序 言

儿童的社会问题

玛丽亚·蒙台梭利

近年来，出现了一个维护儿童权利的社会运动。这个社会运动是自发 V
产生的，既没有发起者，也没有指导者。它就像一座火山，一旦爆发，岩浆将会向四面八方喷发出来。

因此，一些伟大的社会运动产生了。

科学的发展对这个维护儿童权利的社会运动起了极大的推动作用，因为卫生学使儿童的死亡率大大降低了；而且，学校状况也揭露了儿童是学校的那些枯燥乏味作业的受害者，他身心疲乏、弯腰曲背、胸腔萎缩。他的整个童年生活是不愉悦的，因为当他离开学校时，他已不再是一个儿童了。对此，科学又一次加快对儿童的挽救。

大约在20世纪纪初，当卫生学作为一个极其重要的因素而得到广泛传播时，它对儿童的生活提供了一个全新的方向，因为教育原则得到了革新。不仅在家庭里，而且在学校里，儿童开始走上一条得到宽容和理解的开明道路。

现在，儿童在娱乐活动上也受到了重视。人们在公园里为儿童建立了游戏场所，组织了儿童体育活动，出版了儿童读物和杂志，为儿童创编了

戏剧，以及为儿童筹划了旅行。即使在那些工业国家中，儿童也没有被忽视，
VI 因为制造业提供了适合他们身材的家具和餐具。一些儿童组织，如童子军、营火少女团，不仅使儿童体会到社会的行为准则，而且使他们养成一种自尊感。

儿童最终成为社会的个体。现今他周围的一切活动使他受到了人们的关注。因此，我们面对着一个值得重视的问题——儿童的社会问题。

成人是一个已经逝去的时代的最后幸存者。在那个时代，成人只是忙于为自己创造一个舒适安逸的生活环境，即一个为了成人的生活环境。而现在，我们正处在一个新时代的转折点，这就是，它需要为两种不同的人——成人和儿童——提供服务。因此，我们必须建立一个文明社会，准备两种社会环境，即两种独特的社会生活——一种是为成人的，另一种是为儿童的。

我们所面临的任务，并不是刻板地和形式化地组织已经开始了的社会活动，也不是协调各种公共团体和私人的活动。因为如果我们这样做的话，那我们只是被组织起来帮助儿童做一些表面的事情。与之完全相反，儿童的社会问题深深地渗透到我们的生命之中，唤醒我们的意识，激发我们的心灵。客观地讲，儿童并不是一个成人只能从外表观察的陌生人。儿童构成了人的一生中最重要的一部分，因为他是成人生活的开始。他转而变成
VII 了成人。

任何影响儿童的事情都会影响人类最敏感的观点，也就是说，人类的根源在最为久远的过去，但又指向无限遐想的未来。同样，任何影响儿童的事情也会影响那个最棘手的而又最有活力的观点，也就是说，一切都是与人类生命相关联的，但人类心灵的秘密还没有被揭示出来，因为人类的创造是令人振奋的。

儿童的社会问题也许可以比作一棵新的幼苗，虽然它刚刚破土而出，

但它的新鲜活力却吸引着我们。然而，假如我们试图轻易地拔出这棵幼苗，那我们会发现，它的根须扎得很深且不易移动。当我们去掉泥土时，我们看到这些根须向四面八方延伸，并形成一个真正的迷宫。只有去掉根须周围的所有泥土，这棵幼苗才能够被连根拔出。

这些根须就是潜意识的象征。我们有必要去掉多年来的沉积物，因为在成人确实能够与儿童和谐相处以及真正直觉地认识儿童的心灵之前，这些沉积物会在成人精神的表面逐渐形成硬壳。现在，在成人和儿童之间普遍存在着一种无意识冲突。

在强迫我们自己深入研究人的形成规律时，儿童的社会问题能够帮助我们寻求一种新的理解，从而给我们新的启迪，并为我们的社会生活提供一个新的方向。

第一部分　童年时期

> *“人们往往过分地要求儿童熟练地和有意识地去适应世界。* 2
> *但是，更需要的应该是，在与儿童的所有交往中，世界自身应该去适应儿童。”*
>
> *——艾丽丝·梅内尔（Alice Meynell）①：《未准备好》（The Unready）*

第一章　今日的儿童

儿童的世纪

近年来，在儿童保健和教育方面取得了如此令人惊讶的进展，部分归 3
功于生活水平的普遍提高，但更多归功于人们对儿童发展和教育的意识的

---

① 艾丽丝·梅内尔（1847—1922），英国诗人、散文作家。幼年曾在意大利度过。《快乐的英国》月刊的创办人。第一部诗集是《序曲》（1875）。有关儿童教育的散文集有《儿童》（1897）等。——译者注

觉醒。从19世纪最后十年开始，人们越来越关心儿童的健康；同时，人们也更清楚地认识到儿童个性发展是极其重要的。今天，如果不了解儿童生命知识的贡献，那么，研究医学、哲学或社会学的任何一个分支要想取得成果已经是不可能的。对儿童生命知识的研究，远比有关生物进化的胚胎学重要得多。儿童研究不仅把儿童作为一种肉体的存在，而且更把儿童作为一种精神的存在，因而会对人类的所有问题产生广泛的影响。在儿童的心理中，我们也许可以发现人类进步的秘密，也许还可以引导人类进入一种新的文明。

瑞典诗人和作家爱伦·凯（Ellen Key）① 预言："20世纪将是儿童的世纪。"那些有耐心翻阅历史文献的人们，也可以在意大利国王维克托·伊曼纽尔三世（Victor Emmanuel Ⅲ）② 的第一次演说中找到相似的说法。他提出，20世纪开始了一个新时代，被称为"儿童的世纪"。他的演说发表在1900年，
4 恰好是20世纪的元年。

这种预言似乎最完美地反映了19世纪最后十年科学研究在人们心中所产生的印象。那时，人们终于认识到，传染病的侵袭所造成的儿童死亡率通常是成人的十倍；还认识到，儿童在严酷纪律的学校中是受到伤害的。然而，没有一个人能够预言：儿童自身隐藏着一种生气勃勃的生命秘密，而且从这种秘密中能够揭开人类心灵的面纱；儿童自身所具有的某种秘密一旦被发现，就能帮助成人解决他们个人的和社会的一些问题。正是这种秘密，能够为儿童研究（child study）这门新的科学奠定基础，从而能够更

---

① 爱伦·凯（1849—1926），瑞典教育家，欧洲新教育运动倡导者之一。主要著作有《儿童的世纪》（1900）、《妇女运动》（1909）等。正是在举世闻名的《儿童的世纪》一书中，她提出了"20世纪将是儿童的世纪"。——译者注

② 伊曼纽尔三世（1869—1947），意大利最后一代国王（1900—1946年在位）。——译者注

大地影响人的整个社会生活。

儿童与心理分析学

心理分析学是能够开拓迄今尚未知晓的研究领域的一门学科。它能使我们深入到潜意识的秘密中去，但它还不能解决实际生活中的紧迫问题。然而，心理分析学能帮助我们去理解儿童神秘的生命。

可以说，心理分析学已经突破了心理学曾经认为**不可逾越的**意识层，
就像最终通过了古代历史中的海格立斯石柱（the Columns of Hercules）[1]， 5
而这个石柱曾被古希腊船员迷信地看作世界的终极。

如果心理分析学迄今仍未能探测到潜意识这片汪洋大海的话，那么，就很难解释怎样通过儿童的心理分析才能使我们更深入地研究人的问题。众所周知，心理分析学最初只是医学的一个分支，是治疗精神病的一种新方法。现在，心理分析学确实取得了一个有启迪作用的发现：潜意识具有支配人的行动的力量。心理分析学通过深入到潜意识并对心理反应进行研究，将具有重大意义的神秘因素清楚地展现出来，从而帮助人们彻底改变了原先的观念。心理分析学揭示了一个广阔而未知的但又与个人命运紧密相连的世界，但是，心理分析学还没有成功地探明这个未知的世界。它未能越过海格立斯石柱，未能冒险进入浩瀚的汪洋大海。跟古希腊人具有一种相类似的偏见一样，就是把奥地利心理分析学家弗洛伊德（Sigmund Freud）[2]的理论局限于病理学的研究，而不是正常病例的研究。

---

① 海格立斯石柱，亦称海格立斯双柱，指以古希腊罗马神话中的大力神海格立斯命名的石柱。腓尼基人因为航海需要，曾在大西洋和地中海之间的直布罗陀海峡两岸设立了作为航海标志的石柱。——译者注

② 弗洛伊德（1856—1939），奥地利心理学家，精神分析学派创始人。主要著作有《释梦》（1900）、《精神分析引论》（1933）、《自我和本我》（1923）等。——译者注

在19世纪的夏尔科（Jean-Martin Charcot）①时代，精神病学发现了潜意识。在特殊的严重的精神病病例中，可以看到潜意识的表现，这种表现就像可以看到会向地壳喷发的火山内岩浆的翻腾一样。潜意识和个人意识状态之间冲突的奇妙现象，仅仅被看作精神病的病症。然而，弗洛伊德更进了一步，他运用精巧的技术，发明了一种深入到潜意识的方法，但他几乎只关心病人的病理状态。有多少正常人会自愿忍受这种痛苦的心理分析测试呢？这种心理分析测试就相当于对他们的心灵进行一种手术。正是从
6 对精神病的治疗中，弗洛伊德推演出他的心理分析学理论。因此，这种新的心理学很大程度上可以认为是在个人治疗病例的基础上建立起来的。但是，弗洛伊德的理论是不完美的，他的治疗方法也不令人完全满意，因为其并不能使“心理疾病”痊愈。这就如同作为古代经验积累的社会传统反而会对弗洛伊德理论的概括产生障碍一样。显然，为了要探索潜意识这一领域，只有临床分析技术和理论推演是不够的，也许还需要更多的东西。

幼儿期的秘密

对潜意识这个广阔而又未知的领域的探索任务，需要借助于科学的其他分支和其他研究人的起源的方法。当我们试图通过探索儿童心理对环境的反应来解释儿童心理的发展，并目睹了儿童心理陷入黑暗和扭曲的内在斗争的悲剧时，这种探索可能有助于我们从根本上来研究人。

心理分析学接触到了儿童心理的秘密。它有一个最惊人的发现，那就是：精神病可能源于幼儿期。从潜意识中所唤起的一些被遗忘的事情表明，儿童是那些尚未被认识到的痛苦遭遇的牺牲品。这个发现既给人们很深的

① 夏尔科（1825—1893），法国声誉最高的医生之一，现代神经病学创始人。1882年，他在巴黎的萨尔佩特里埃尔医院开设了神经病诊所，后来成为当时欧洲最大的神经病诊所。——译者注

印象，又使人们的心情不能平静，因为它与人们原先的想法是完全不同的。
儿童纯洁的心理状态所遭受的创伤是缓慢而持续的。但人们从来没有认识 7
到，它们实际上是成人精神病的潜在原因。处于支配地位的成人对儿童自发活动的压制正是造成儿童纯洁的心理状态遭受创伤的原因，而且往往是与对儿童产生最大影响的成人——儿童的母亲有关的。

我们必须把对心理分析的探究分为两个层次。一个是比较肤浅的层次。它来自个人的天赋本能与他必须适应的环境之间的冲突，因为这些环境常常与他的基本欲望相冲突。这类冲突是能够解决的，因为把这些心灵不安宁的潜在原因上升到意识的层次并不困难。另一个是更深的层次，也就是童年记忆的层次。在这一层次上，并不是成人和他所处的社会环境发生冲突，而是儿童和他母亲之间，或者可以更普遍地说，是儿童和成人之间的冲突。这类冲突可能导致心理疾病难以治愈。

现在，人们已经认识到，在所有疾病的治疗中，无论身体疾病还是心理疾病，都应该考虑到一个人在幼儿期所发生的事情。但是，除心理分析外，还需要其他一些方法。探究无意识的方法虽然在成人的病例中取得了一些发现，但在儿童的病例中却变成一个障碍。儿童天生是不适合这种方法的，他记不住幼儿期所发生的事情，因为他是幼儿。所以，
对于儿童来说，必需的是观察，而不是分析；然而，这种观察必须从一 8
种心理角度来进行，其目的是为了发现儿童在与成人和社会环境相处时所遭受的冲突。显然，这种方式使我们背离了心理分析学的理论和方法，而进入了对处于社会环境中的儿童进行观察的一个新领域。这种观察并不包括探究心理疾病这样的艰难任务，而是了解正在进入儿童心理生活中的广阔展开的人类生活现实，因为实际问题包括人从诞生时就开始发展的整个人生。

人类历史告诉我们，有关人的心理的探究还没有写出来，也就是说，还没有人描述过儿童所遇到的障碍，也没有人描述过儿童和比他强大并支配他的但又不理解他的成人的冲突；还没有人描述过儿童受到的尚未被认识的伤害以及他的娇嫩心灵所遭受干扰的情况，也没有人描述过儿童无法达到大自然希望他达到的目标和一个自卑的人的潜意识的自我发展。

这个复杂的心理分析学问题被提了出来，但并没有得到解决。因为心理分析学主要关心的是心理疾病以及对心理疾病的治疗，所以，它在预防儿童心理问题方面也就没有提供多少帮助。同时，对儿童心理的研究能够对心理分析提供帮助，因为这种研究分析的是正常的和一般的情况，将有助于消除心理障碍和预防导致精神病的冲突，而这正是心理分
9 析学所关注的。

由此，形成了一个科学地研究儿童的新领域。它与心理分析类似，但又不相同。它所关注的是正常的人而不是病态的人，它力求帮助儿童的心理发展和关注正常儿童的教育。所以，其目的在于促进人们对至今尚未知晓的儿童心理活动的了解，同时唤醒成人关爱儿童的意识，并使他们认识到对儿童的错误态度源于他们自己的潜意识。

对成人的控告

弗洛伊德使用“压抑”（repression）一词来描述成人自我解释的心理紊乱的那个深层原因，其词义本身是不言而喻的。

当儿童在发展过程中受到成人压抑时，他就不能得到发展。但是，“成人”这个词本身是一个抽象词。实际上，儿童在社会中是孤立的，所以，如果“成人”影响他的话，那个成人就是一个具体的成人，一个与他接近的成人——首先是他母亲，然后是他父亲，最后是他老师。

社会赋予成人一个截然不同的角色，委托他们给儿童以教育，并关注儿童的发展。但现在正好相反，在探究了人类心灵深处之后，对过去被当作人类卫士和恩人的那些成人提出了控告。可以说，所有成人都成了被告，无论母亲、父亲、教师，还是儿童的监护人，同时对儿童关爱负有责任的社会也受到了控告。在这种令人吃惊的控告中，实际上存在某种富有启示 10
性的东西，它就像上帝最后的审判那样神秘和令人敬畏：“你们为我委托给你们的孩子做了些什么呢？”

对此的第一个反应是自我辩护和抗议：“我们已经尽了最大的努力。我们关爱自己的孩子。我们为了他们而牺牲自己。”因此，这两种冲突的概念是互相对立的，一种是有意识的，另一种是潜意识的。实际上，这种辩护是人们所熟悉和习惯的，但我们对它是毫无兴趣的。我们感兴趣的是这种控告，而不是谁受到控告。被控告者认为，自己对儿童的关爱和教育已经是尽心尽力了。但他们发现，自己陷入了一个迷宫般的困境之中。与过去一样，他们在广阔的森林之中迷路了，恍惚中没有找到一个出口，因为他们不知道迷路的原因，其实他们的错误就在于他们自己。

所有主张维护儿童权益的人，不仅应该敢于对成人提出这种控告，而且应该毫无例外地不断地这样做。于是，这种控告成为一件有趣的事情。因为这种控告谴责的不仅是**表面的**有意识错误，而且是由于**潜意识**而犯的错误。这种错误让我们丢脸，因为它毕竟意味着是我们自己的错误。这种控告使我们能够认识自我，从而提高了我们的道德境界。的确，每一个真正的进步都来自发现和利用以前尚未发现的东西。

这就是为什么人们对自己错误的态度总是矛盾的原因。每一个人都对所犯的有意识错误感到悲痛，但却被潜意识错误所迷惑。因为正是在这种潜意识错误中包含着一个秘密，它使人超越某个已知的和所期望的目标，

最终使我们提升到更高的水平。这就是为什么中世纪的一个骑士，当他因
11 个人荣誉受到侵犯而准备战斗时，他会跪在祭坛前谦卑地承认：“我有罪。
我首先宣布，这是我个人的过错。”《圣经》（*Bible*）给我们提供了这些态度截然不同的有趣例子。例如，为什么在尼尼微（Nineveh）[1]人群会聚集在约拿（Jonah）[2]的身边？为什么他们所有人（从国王到平民）都渴望加入到以约拿为核心的那群人中去呢？因为约拿告诉他们，如果他们不改变信仰，尼尼微就会毁灭，他们就将成为罪人。又如，施礼者圣约翰（St. John）[3]是怎样把人群召唤到约旦河边的呢？他用了什么甜蜜的咒语而能如此令人惊讶地把人们聚集在一起？圣约翰称他们是“一窝毒蛇”！

这确实是一种奇怪的精神现象：人们蜂拥而入地去听自己被人控告。而且，他们还聚集在一起赞成控告中所说的话，承认自己的错误。实际上，尖刻而持续的控告把埋藏在他们潜意识中的东西带到了意识层；所有的精神发展就是获得意识，并呈现出以往在意识之外的东西。就这样，实际上正是通过这些不断的发现，人类文明进步了。

现在，如果要用一种与当今截然不同的态度来对待儿童，如果要把儿童从危及他们的心理活动的冲突中解放出来，那首先就必须进行一次变革，迈出基本的和必要的一步，即成人态度的改变。这是一切变革的基础。虽然成人声称他们为了儿童早已做了自己所能做的一切，并进一步宣称出于对儿童的关爱而牺牲了自己，但他们承认自己确实遇到了一个难以解决的
12 问题。为此，他们必须有意识地和自愿地寻求未知的东西。

---

[1] 尼尼微，古代亚述人口最多和最古老的城市，在底格里斯河东岸（与今伊拉克的摩苏尔隔岸相望）。——译者注

[2] 约拿，基督教《圣经·旧约》中的人物，据记载是上帝的仆人。——译者注

[3] 圣约翰，基督教《圣经·旧约》中的人物，据记载是出身祭司家庭的犹太人的先知。——译者注

关于儿童，的确还存在着很多未知的东西。儿童心理中某些部分一直是未知的，但又是必须了解的。确实需要去发现儿童，正是这种需要将引导我们去探究未知的东西。尽管通过心理学和教育去观察与研究儿童，但成人仍然不了解儿童。因此，我们必须以牺牲的精神和满怀的激情去探究儿童，就像那些人远涉重洋和翻山越岭去寻找隐藏的黄金一样。这就是那些企图寻觅隐藏在儿童心灵深处的秘密的成人必须做的事情。这就是所有的人，不管是什么国家、民族和社会地位的人，都必须共同去做的事情，因为这将意味着产生对人类道德进步所必不可少的要素。

成人并不了解儿童，其结果是使成人处于与儿童的不断冲突之中。消除冲突的方法，并不是每个成人应该获得一些新的知识或达到更高的文化水准，而是必须找到一个不同的出发点。成人必须找到他们自身存在的阻碍其真正理解儿童的那种潜意识错误。如果不做这种准备，如果没有采取与这种准备相应的态度，那么，他就不可能进一步探究儿童。这种自我探究的行为并不像想象的那样困难，因为错误即使是潜意识错误也会引起悲哀和创伤。一提起药物，就使人感到迫切需要用它来解除痛苦。所以，一 13
个手指关节脱位的人渴望使之复位，因为他知道只要这个手指不复位，疼痛不消除，他就不能使用他的手去工作。同样，一旦他认识到自己的错误，他就会强烈地感到要使自己恢复正常。因为从认识到错误的那一刻起，他长期所承受的软弱和痛苦就变得不堪忍受。正常秩序一旦建立了，所有一切就都变得容易了。只要认识到我们已把太多的东西归属于自己，只要相信我们能够做自己力所能及的事情，那么，我们就会渴望去认识并能够认识到儿童的心理具有与我们自己的心理截然不同的特点。

在与儿童的关系中，成人已变成自我中心，不是自大，就是利己。所以，他们以自己为参照看待影响儿童心理的一切，其结果就是不能理解儿童。基于这种以自我为中心的角度，成人把儿童看作心灵里什么也没有的人，必须由成人尽力去填塞；把儿童看作孤弱无力的人，成人必须为儿童做所有的事情;把儿童看作缺乏内在指导的人,必须由成人不断地给予指导。总之，成人把自己看作儿童的创造者，并从他们自己和儿童行为的关系的角度来判断儿童的好或坏。成人使自己成为儿童善良和邪恶的试金石。成
14 人自认为是一贯正确的，儿童必须根据成人来塑造他自己。儿童在任何方面偏离了成人的行为方式都被当作一种罪恶，成人必然会迅速地进行纠正。成人采取这样的做法，即使可以确信他对儿童充满着激情和关爱以及具有为儿童牺牲的精神，他也会潜意识地压抑儿童个性的发展。

第二章　精神的胚胎

生物学序曲

当德国胚胎学家沃尔弗（Kaspar Friedrich Wolff）[①]发表有关发现生殖 15
细胞分裂的报告时，他用新的事实向人们显示了有活力的生命是如何成长发展的过程，同时他通过直接的观察给人们提供了有关内在力量按照某种预定方式进行工作的情况。通过实验，他彻底推翻了德国数学家、哲学家莱布尼兹（Gottfried W. Leibniz）[②]和意大利博物学家斯帕兰札尼（Lazzaro Spallanzani）[③]等人的生理学观点：一个受精卵细胞被认为已经含有成人的最终形态。他们假设，受精卵细胞含有一个比例缩小的人形，也就是说，虽然它开始时并不完美，但当它被置于一个已经形成的适宜环境中后，这个人最终就会从中生长出来。这个观点是从对植物种子的观察中得出的，因为我们可以看到在植物种子的两个子叶间藏有一株有着叶子和根茎的幼小植物。如果把种子埋于土中，那它将会生长为新的植物。人们设想，动物和人也有一个类似的过程。

然而，在显微镜发明之后，沃尔弗能够观察到一个活的生命究竟是怎
样形成的。他从对鸟的胚胎的观察开始，发现它源于单个受精卵细胞。在 16

---

① 沃尔弗（1733—1794），德国胚胎学家。哈勒大学医学博士。1767 年移居俄国。主要著作有《发生论》。——译者注

② 莱布尼兹（1646—1716），德国数学家、哲学家。主要著作有《单子论》《人类理智新论》等。——译者注

③ 斯帕兰札尼（1729—1799），意大利博物学家。——译者注

可以看到肉眼看不到的物质的显微镜下，发现这种细胞完全没有预先存在的生命形态，而像任何其他的细胞一样，有细胞核、细胞质和外层细胞膜。实际上，每一个活的生物，无论植物还是动物，最终都从这个尚未显示出差别的最初的单个细胞中产生出来。从种子中观察到的幼小植物是从生殖细胞发育而来的一个胚芽；它完成了果实的早期阶段，一旦埋到土里，它就会继续生长。

虽然这个生殖细胞与其他细胞不同，但它会按照一个预定的图式经历一个迅速的分裂过程；然而，这个原始细胞本身丝毫没有这个图式的最小痕迹。如果我们观察一个动物胚胎的早期发育，那我们就可以看到，这个最初的细胞分裂成两个细胞，接着这两个细胞分裂成四个细胞，这个过程将一直延续到它们形成了一种中空的球体，被称为桑椹胚（morula）①。当这个球体继续朝内折叠发展，于是形成了另一个有着双层壁和张口朝外的球体，被称为原肠胚（gastrula）②。所以，经过一个细胞不断繁殖、分裂和退化的过程，这个胚胎通过发展而拥有了一个复杂的器官和组织。实际上，生殖细胞简单透明，没有任何的物质图式，它的工作和发育完全服从其自身所带有的内在指令。就像一个忠实的仆人，他内心知道委托其所要办理
17 的事情，不需要任何书面文件就去贯彻执行了，因为书面文件也可能背离他主人的秘密指令。我们只能从这些不知疲倦的细胞所完成的工作中，才能看到这个图式。除了这个已完成的工作，不存在任何的东西。

在哺乳类动物的胚胎中，人的胚胎也是这样，最早出现的一种器官是一个小囊，它后来发育成心脏。这个心脏以固定的节律搏动，其心搏是他母亲心搏的两倍。因为它要为所有正在形成中的生命组织提供必要的营养，

① 桑椹胚，胚胎学用语。由细胞组成的实心团块，由合子经过几次分裂而形成。——译者注

② 原肠胚，胚胎学用语。早期的多细胞胚胎，由两个或更多的胚层组成。——译者注

所以，它搏动着，并将连续不断地搏动。

胚胎的所有发育都是隐藏的，而且是独自完成的，这确实是令人惊讶的。这是一个从无到有创造的奇迹。那些充满智慧和活力的微小细胞在多次分化中从来不会犯任何错误，它们本身具有广泛的转化力量，有的成为软骨细胞，有的成为神经细胞，有的成为皮肤细胞，每一个细胞组织都找到它自己的确切位置。这个创造性工作是宇宙的秘密之一，一直被严格地隐藏着。大自然用难以探测的面纱和护套把人类发育中的胚胎包裹起来，只有她自己能够打开，当最后打开时，一个成熟的和完整的新生命在世上诞生了。

但是，这个诞生的生命并不仅仅是一个物质的机体。它像生殖细胞一样，自身也具有预定形式的心理机能。这个新的机体将不仅通过各种器官发挥功能，而且也具有其他功能——不能存在于单个细胞中，而只能存在于有生命的机体中。正如每个受精卵细胞本身包含了整个机体的进程一样，
每一个新诞生的机体，不管属于什么物种，其自身也都有生理本能，这将 18
使它能够适应环境。每一个活的生命都是如此，即使是最低等的昆虫。蜜蜂具有神奇的本能，使它们自己形成复杂的群体组织而开始工作；但这种本能不能在虫卵或幼虫中发现，只有成熟的蜜蜂才具有。一只鸟只有在孵化出来之后，才会有飞翔的本能。其他可以依此类推。首先，与一个自由环境有关的精神生活是内在的；其次，生命机能在早期生活中是孤立的和隐藏的。实际上，当一个新的生命诞生时，它就像一个精神之卵，自身含有一种神秘的主导本能，这将是它的活动、特征和适应环境的源泉，总之，表现在对它的外部环境产生作用的本能上。

这个外部环境肯定不仅给动物本身提供生存的手段，而且为诞生的每一个动物所承担的神秘使命提供刺激，由此能利用它们的生存环境为自然

界保持普遍的和谐与守恒做出必要的贡献。每一种动物都拥有最适宜于其物种生存的外部环境。确切地讲，机体正是适应这种心理的高级机能的形状，肯定能在宇宙的完善中找到自己的位置。我们从那些动物中看到，这样的高级机能从它们一出生就已经存在。我们知道，一个动物将是很安静的，因为它是羔羊；另一个动物将是很暴烈的，因为它是雄狮。还有，一个昆虫将不停地工作，因为它是蚂蚁；另一个昆虫除了孤独地吟唱外没有其他
19 事情，因为它是蝉。

所以，新生儿不仅具有作为一个机体所特有的机能，而且具有作为一个精神胚胎所特有的心理能量。如果认为人的丰富的心理活动远远高出所有其他生物的特点和特征，以至于只有人没有心理发展的图式，那这种观点显然是荒谬的。

凶残动物的本能在其自身的行为方式中就能立即看出来；然而，儿童的心理是如此深地隐藏着，不会立即表现出来。儿童不受诸如那些动物所具有的既定的主导本能的支配，这正是他有行动自由的标志，这几乎要求每一个个体都应该去创造和发展，因而它是独特的和无法预知的。在儿童的心理中，有着一种难以探究的秘密，随着心理的发展它才会逐渐展现出来。这种隐藏的秘密就像生殖细胞的分裂过程遵循着某种图式一样，只有在发育的过程中才能被发现。所以，只有儿童能够向我们揭示人的自然图式（natural pattern of man）。但是，因为儿童的娇嫩，就像所有初生的生命一样，他的心理活动需要得到保护，需要被一种适宜的环境所包围，就好像大自然用膜来包裹生理胚胎一样。

新生儿

20 “大地听到了一种颤动的声音，

以前从未听到过这种声音。

它来自一个以前从未发出过声音的喉咙。”

他们告诉我，人曾经生活在最深的黑暗之中；他的眼睛从未看到过最细微的光亮，仿佛他处在地狱的深渊之中。

他们告诉我，人曾经生活在寂静之中；他的耳朵甚至从未听到过最微小的声音。……

我听到，人确实总是在水中生活，在奇妙而温暖的水中生活，突然被抛入了冰流之中。

他大声地说，他从未呼吸过。突然，空气扩张了他的从一开始就合拢的肺，人大声地呼喊。……

大地听到了一种颤动的声音，以前从未听到过这种声音。它来自一个以前从未发出过声音的喉咙。

他曾经是一直休息的人。

谁能想象如此纯粹的休息？

他在休息中甚至没有饮食的麻烦，因为有另一个人在帮他饮食。他的所有机体组织都是休息的状态，因为有其他的机体组织为他产生其生命所必需的热量。他的最内在的机体组织甚至不需要工作以使自己免受病毒和细菌的侵入，因为有其他的机体组织为他工作。他不需要氧气进行呼吸——尽管这是活的生物所拥有的一种特权。

他的唯一工作是心脏的搏动，在他诞生之前心脏已在搏动。是的，甚至在他还不存在的时候，他的心脏已在搏动，是任何其他的心脏搏动频率的两倍。这就是人的心脏。 21

现在，他向前发展了。他自己承担了所有的工作。他受到了光亮和声音的侵扰，他最内在的机体组织也开始了辛苦的工作。随着他的发展，他发出了强烈的呼喊：

“为什么要抛弃我？”

所以，人第一次在自己身上体现的是死而复活升天的基督耶稣。

新生儿在诞生时没有进入一个自然的环境，而是进入了一个人类生活的文明环境。那是一个“超自然”的环境。人们为了使自己有一个更安逸的生存方式，抛弃了自然的环境而建立了一个与之相反的环境。当新生儿由于诞生而从一种生存方式进入另一种生存方式时，他必须做出最大的努力去适应这种生存方式。 但是，一个文明社会准备对新生儿提供什么帮助呢？

诞生的巨大转变要求我们科学地对待新生儿，因为一个人在他的一生中，没有一个时期像他在诞生时那样经历过如此剧烈的冲突和挣扎，并承受由此而带来的痛苦。

这个时期肯定是值得认真研究的，但人们至今还没有对它进行过研究。在人类的文明史上，应该在开篇就有这样的记载：文明人对新诞生的人提供了帮助。但实际上，并没有这样的记载。

相反，许多人会说：人类文明社会是十分关爱新生儿的。

22 但是，这个文明社会是怎样关爱新生儿的呢？

当一个儿童出生时，所有人所关心的却是他母亲，因为她经受了很大的痛苦。

难道儿童没有经受痛苦吗？

那位母亲需要专门的照顾。

难道儿童不需要专门的照顾吗？

那位母亲因为太疲乏而需要休息，所以，她的房间是安静的、光线暗淡的。

但是，对于刚刚来自无光亮和无声音之处的儿童来说，也需要为他准备一个安静的、光线暗淡的环境。

新生儿是在一个没有任何干扰的、没有温度变化的和绝对安宁的液态环境中发育长大的，所以，他肯定需要好好地休息。

新生儿的疲乏不仅来自两个截然不同的环境之间的悬殊差别，而且来自他刚刚通过自己努力而诞生的使人筋疲力尽的工作。他的身体是受压抑的，就像在监狱中一样，甚至要使他的骨头移位。他来到了人间，经受了在绝对的安宁和诞生时难以想象的辛苦之间的巨大反差。

新生儿就像一位来自遥远地方的朝圣者，疲乏不堪和经受了痛苦。然而，我们为接待他的到来做了些什么呢？

医生仅仅把一种毫无表情的目光投向这个新生儿，看一看他是否活着。他仿佛在说："是活的，把他放到一旁去，我们现在不必为他费心了。"

相反，父母用一种温情而兴奋的目光凝视着他，怀着一种自我满足的心情欢迎他的到来。他们为来自大自然的一件礼物而感到无比欣喜："多乖的孩子！我们的孩子！" 23

所有那些等待着新生儿诞生的人都急切地欣赏他，赞美他，抚摩他。父亲看着他眼睛的颜色，并尝试着去摆弄他的眼睫毛，想到自己孩子有一天会看到他和认识他，他在注视着这个新生儿的同时会情不自禁地笑起来。

但是，没有一个人认为，这个新生儿是受过痛苦的，但又是纯洁的和不被人理解的。

成人怎样看待这个一无所有的人？在世上谁发现他自己有一双从未见过光亮的眼睛以及有一副习惯于安静的耳朵？难道这个小家伙的身体受到

成人的“折磨”而直到他们认为没有地方可抚摩才会停止吗？

新生儿的幼弱身体被粗暴地触碰到一些粗糙的物体，那些不留意的成人用自己那不灵活的双手抚摩他。

是的，新生儿被粗暴地对待，他的娇嫩皮肤所接触到的是成人那粗糙的双手以及粗糙织制的衣服。

事实上，家里几乎没有人敢触摸这个新生儿，因为他是那么娇嫩。他亲人和他母亲都有点担心地看着他，于是，他们在把他托付给一些**有专门经验的人**（expert hands）照管后也就放心了。没有一个人将感到，需要去照管和保护新生儿那幼弱的身体。人们在没有触摸他之前，就已知道新生儿的身体是幼弱的。

人们会问：“那么，我们应该做些什么呢？难道某些人必须触摸那个婴儿吗？”

24 然而，那些有专门经验的人自己也从未学过如何照管一个娇嫩的生命。他们只知道用那双强有力的手紧紧地抱住他，不让他掉下来。人们认为，只要那个婴儿诞生后是活着的，也就足够了。他们所希望的一切就是，为使他活着而做的努力不要白费。但是，他们从来没有考虑过如何对待这个娇嫩的人。

医生粗暴地拎起这个新生儿，当他绝望地大声啼哭时，所有人都满意地笑着说：“那是他的声音。”他们认为，对新生儿来说，第一次啼哭是非常必要的，哭声就是他的语言，他的啼哭能够清洗他的眼睛和扩张他的肺。

诞生后，这个新生儿立即被穿上了衣服。他被紧紧地包裹在襁褓中。在母亲的子宫里一直弯曲着的幼小身体被拉直了，不得动弹，仿佛被上了石膏似的。其实，对一个新生儿来说，衣服并不是必需之物，即使在他诞生后的最初一个月里也是如此。

如果我们回顾一下新生儿穿衣服的历史，那我们就会发现一种渐进的变革，即从紧裹的襁褓到轻薄柔软的套衣，以及在衣服尺寸上也是一种渐进的减小。实际上，现今新生儿的着装是在裸体主义（nudism）[1]的入口。一步一步，新生儿的衣服就不需要了。

确实，新生儿最好像绘画中常见的那样裸露着。由于诞生前一直生活在母亲体内温暖的环境中，诞生后他需要保暖，但这种温暖主要应该来自他周围的环境，而不是他的衣服。衣服实际上并不能提供温暖，只能用来
保存其体内已有的热量而防止它的散发。如果房间是暖和的，衣服就成了 25
空气的暖热和儿童的身体之间的一个障碍物。在动物照管它们幼崽的方式中，我们可以看到这一方面的例证。即使这些幼崽可能已覆盖了绒毛或毛皮，它们的母亲仍然像孵化时一样对待它们，用自己的身体温暖着它们。

我们不想花太多的时间继续这种谈论了。我敢断定，如果美国的父母有机会对我讲述的话，他们肯定会告诉我，在他们的国家里是如何关爱新生儿的。德国和英国的父母也会好奇地问我，是否了解在他们的国家里在儿童医疗和保健方面所取得的进展。我会回答说，我知道所有这一切，这些国家在关爱新生儿方面的确已取得了进展，正如我从这些国家的亲身经历中所知道的。但我依然要说，世界上还没有一个国家能充分认识到新生儿需要什么，并真正欢迎新生儿的到来。

人们确实已经为新生儿做了很多事情，但如果这种进步在于发现以前尚未被觉察的事情以及做曾经被认为是没有必要的甚至不可能的事情，那我们还要做些什么事情呢？

在世界上的任何地方，人们都应该理解这个新生儿。

---

① 裸体主义，一种认为裸体有利于身体健康的主张。——译者注

这里，我要提及另一点。事实上，不管我们多么深爱新生儿，但从他
来到我们中间的最初时刻起，我们就本能地提防着他。这不仅是一种防范
的本能，而且是一种贪婪的本能，使得我们赶紧保护好自己的所有东西，
26 即使它们本身并没有任何价值。例如，为了使新生儿的小床垫不被弄脏，
我们就把一块不透水的床罩放在床垫和他的身体之间。

从儿童出生时起，成人的心理就被这种思想所支配：“当心这个小孩，别让他弄脏任何东西或惹人讨厌。看住他！提防他！”

我相信，当人们更好地理解儿童之后，他们就会找到更好的照管他们的方法。在奥地利的维也纳，也只是最近才开始讨论使新生儿减少伤害的方法。在新生儿出生时，他的小床垫不仅必须是温暖的，而且床垫是用防水的材料制成的，可以尽快地把脏东西去除掉。这些迹象就是一个重要的预兆，表明成人已经开始有意识地注意到新生儿的需要了。

但是，对于新生儿的照料不应该仅仅限于避免他死亡或使他不患上传染病，正如当今不少现代化医疗诊所里对病人所做的一样，在那里护士用绷带把病人的伤口包扎起来，为的是不让他们接触来自呼吸中的细菌。实际上，从新生儿出生那一刻起，就有“儿童心理健康”问题，需要采取一些措施使他们的心理能适应其周围的世界。为了达到这一点，就应该在一些医疗诊所里进行实验，同时对一些家庭进行必要的宣传，以使人们对新生儿的态度有所改变。

27 在一些富裕家庭里，父母仍然为他们的婴儿提供华丽的摇篮，替婴儿的衣服装饰考究的花边。这种奢侈情况表明，我们往往完全忽视了儿童的心理需要。家庭的财富应该给予儿童幸福，而不是给予儿童一个奢侈的环境。

对于婴儿来说，最好的环境应该是一个听不到城市街道嘈杂声的、平静和安宁的、光亮和温度能够调节控制的房间。例如，就像给教堂里的玻

璃窗染色一样。在一个温暖的和恒温的环境中应该让婴儿不穿衣服躺着，如同多年来在接生室里的做法一样。

另一个问题是关于搬动和怀抱这个裸体新生儿的问题。在用手触摸他时应该尽可能地轻一点，应该使用一种轻便的和柔软的支撑物来托住这个婴儿。例如，一个用柔软的材料做成的吊床能够承受住他那整个弯曲在一起的身体，这时的情景就像在胎儿期一样。对儿童的照管，就是对儿童提供一定的帮助。掌握用手轻柔而小心地搬动和怀抱新生儿的技能，需要进行仔细的实践。使新生儿从垂直的位置移到水平的位置，就要求具有专门的技能。护士们早就认识到，为了抬起一位病人并平行地和缓慢地搬动他，就要求采用一种专门的方法。用运输工具护送病人是基本的护理方法之一。没有一个人会用手垂直地抬起一位病人，而不采用使病人身体下面得到支撑的方法去搬动他，因为通过这个方法病人在被搬动时可以不用改变他的水平位置。

新生儿是一个幼弱的人。如同他母亲一样，他逃脱了死亡的危险。当 28
我们看到他活下来时，潜意识产生的欣喜和满足在一定程度上是一种解脱感，也就是说危险已经过去了。其实，这个时候新生儿还是需要得到帮助的，有时候他可能会窒息，或可能因止血机能受损而皮下出血。这时，必须考虑到新生儿是虚弱的，但绝不能把他与患病的成人相混淆。因为新生儿所需要的帮助，并不是病人需要的帮助，而是一个迫切想使自己在身体上和心理上适应一个新的和陌生的环境的人所需要的帮助，因为他的感觉是敏锐的。我曾经看到一个新生儿，他勉强地被从一种窒息的危险状态中抢救过来，就被放进地上的一个水盆中，差一点被淹死。当他迅速地下沉时，这个新生儿睁大了眼睛，伸出了小小的手臂和腿，似乎他自己感觉到在下沉。这是他的第一次恐惧经历。

我们面对新生儿的感觉，不应该是我们对待病人或弱者的怜悯，而应该是对造物的神奇的崇敬，应该是对一种无限的秘密的崇敬。

我们触摸和搬动新生儿的方式以及同时在我们身上所产生的那种微妙感情，使我们想起牧师在祭台前的姿态。在寂静和黑暗之中，只有一丝柔和光线透过染色的玻璃窗，牧师就在这种环境中主持祈祷活动。他的双手是纯洁的，他的每一个动作都是审慎的和深思熟虑的，一会儿垂直摆动，一会儿又水平摆动，还不时地放下，好像他的双手是疲乏的，甚至仿佛这样很用力的运动需要一下停顿。当他举起圣体时，他自己便跪下来进行顶
29 礼膜拜。教堂的环境是安静的；照射进来的光线因为染色玻璃而有所减弱；一种希望和崇高的感情洋溢在整个神圣的殿堂里。新生儿就应该生活在这样的环境之中。

人们认为，新生儿是没有意识的，没有意识就可以既没有痛苦，也没有欢乐，所以，对新生儿如此小心是毫无意义的。那么，我们为什么要那么多地照料危在旦夕的和失去意识的成年病人呢？这是救护的需要，而不是有意识关爱的需要。就人类生命的每一个阶段而言，既需要科学的关注，也需要情感的关注。因此，人们对待新生儿的看法可能是没有正当理由的。

我们对新生儿还没有真正的感情。因为对我们来说，他还没有显示出人的特点。当他来到我们中间，我们几乎不知道如何接待他，尽管他自身已有一种力量，能够继续创造一个比我们所生活的世界更完美的世界。

“他来到了这个为他创造的世界，但这个世界却不了解他。他来到了他自己的家，但他的家人却不接受他。”①

① 摘自圣约翰（St. John）的《福音书》（见《圣经·新约》）。——译者注

大自然的教导

作为高等动物的哺乳动物，受到本能的驱使，因而能够在娇弱而劳累 30
的哺乳阶段，照料好自己的后代。一只普通的家猫给我们提供了这种例子：它尽快地把刚生下的小猫藏在某些黑暗而偏僻的地方，并十分警惕地留意它的后代，它如此小心就是为了不让小猫被人看到。但在短暂的一段时间后，它就让小猫出来并跟随着它们。

在野外环境中自由生活的动物，对它们的后代甚至表现出更大的关心。它们绝大多数在较大的群体里一起生活，当雌兽快要生幼崽时，它就离开其伙伴，去寻找一个单独的隐蔽场所生下幼崽。幼崽生下来后，它让幼崽独自在安静的地方生活，其时间的长短因物种的不同而异，短的两三个星期，长的一个月，甚至更长时间。在这段时间里，母亲直接成为一位奶妈，对其幼崽提供帮助。幼崽不能在群体中生存，以避免光线和噪声的干扰，所以，它最初只能藏在一个安静和隐蔽的地方。尽管这些幼崽天生就有一些维持生命的功能，能够用它的腿尝试着站立和行走，但它的母亲仍精心照管它，把它与群体分开。直到它获得更大的力量而能够使它自己去适应新的环境时，母亲才把它带回群体中。于是，它就生活在那个同类的群体里。

无论是马、髹犎[①]、野猪，还是狼、老虎，尽管这些高等动物的种类繁多，但它们的母性关爱本能基本上是相同的。它们表现出来的如此照料后代的方式确实是令人惊讶和感动的。

一只雌髹犎在它的幼崽出生之后，就带它远离群体好几个星期，独自极其体贴入微地照料它。小髹犎冷了，用前腿护着它；小髹犎脏了，用舌头把它舔干净；小髹犎饿了，用自己的三条腿而不是四条腿站着，以更方

---

① 髹犎，北美的一种野牛。——译者注

31 便地喂奶。几周过后，它把幼仔带回自己的群体中，继续进行耐心的照料。我们发现，这在所有雌性的四足哺乳类动物中都是相同的。

有些动物不仅寻找一个单独的场所产下它们的后代，而且千辛万苦地为后代准备一个隐蔽的场所。例如，雌狼会在偏僻隐蔽的树林角落里寻找一个山洞。如果找不到这样的隐蔽场所，那它就会在地上掘一个坑或者在空心的树干里筑一个窝，并把柔软的材料整齐地铺在那里，甚至咬下自己胸脯上的毛。这不仅能给幼崽温暖和保护，而且也能方便地给幼崽喂奶。六七只狼崽刚出生时，在一段时间里它们的眼睛仍然紧闭着，耳朵也听不见声音。所有的雌狼都会把自己的幼崽藏起来，几乎从不离开它们。

在这个早期阶段，所有的雌性动物都会小心地保护它们的后代，并会攻击任何接近其后代的人。但是，对于被圈养的家畜来说，如此的母性本能就会遭到破坏或失去。众所周知，母猪常常会吞噬掉它自己所生下的一窝小猪；相反，雌性野猪却是最温柔和最富于感情的母亲之一。在动物园里，被关在笼中的雌虎和雌狮有时也会吃掉它的幼崽。因此，我们看到，大自然赋予的保护本能只有在动物自由地服从其主导本能的内在指引时，才会正常地展现出来。

在哺乳动物这样的母性本能中，我们可以看出一个清楚而简单的道理：
32 当幼崽**第一次接触外界环境**时，它需要一种特殊的关爱方式。所以，在幼崽经过出生的巨大努力和随之而来的各种能力苏醒之后，那是一个生命刚刚开始的十分娇弱的时期，此时幼崽的休息必须与群体分离。在这个时期后，就开始了我们可以称为的“婴儿期”，即生命的第一个时期——哺乳期。

雌性动物对刚生下来的后代的照料，并不仅仅是对其身体的关爱。实际上，大自然早已证明，通过母乳的喂养和母体的温暖，那些幼崽已具备了在新的生存环境中克服物质困难的能力。母亲宁愿在这个隐蔽而孤独的地方等待新的后代天赋本能的苏醒，这种天赋能力将使它成为同类物种的又一个个体。这种天赋本能的苏醒肯定只有在十分安静的、光线昏暗的和远离噪声的地方才能发生。在哺乳期，母亲会把幼崽弄干净，并在幼崽回到群体中去之前慈爱地帮助它和训练它。当一头小马驹的腿长得更有力时，它学会了识别和跟随它的母亲，其外形也更像一匹马了。更重要的是，**马的遗传特征**在其并不强壮的身体上显现出来了。但是，母马仍然不允许任何人接近它，直到它真正地变成一匹小马。同样，在真正地成为小猫之前，雌猫也不允许人们靠近它的幼崽进行仔细的察看，除非在幼崽睁开眼睛和开始行走之后。

大自然显然在关切地注视着动物的天赋本能的苏醒和发展。母亲关爱
后代的目的，并不仅仅是它的生理需要。通过它的慈爱和亲切照料，它等 33
待后代的内在本能的展现。就人类而言，我们可以说，人也具有相似的情况，除了对新生儿的娇弱身体给予精心照料之外，还应该等待他的精神的觉醒。

实体化的实现

在对待新生儿时，我们有没有考虑过新生儿有一种**心理活动**（psychic life）呢？如果说新生儿已有心理活动，那我们必须认为，他在生命的第一年及以后的时期会有更多的心理活动。今天，在儿童关爱方面已采取具有进步意义的一步是：不仅重视他的身体发育，而且重视他的心理活动。现在，人们经常反复说：教育应该始于诞生时。

当然，对于“教育”一词，不应该从教学的含义上去理解，而应该从帮助儿童的心理发展上去理解。现在，从意识和潜意识之间的区别中，我们可以发现，从诞生的那个时刻起，儿童就有一种真正的心理活动。有关

潜意识中充满着心理刺激和活动的观念，现已成为我们时代人们普遍议论的话题之一。如果我们想象儿童有心理活动，需要通过促使儿童自身主动与周围世界联系来发展自己的意识，那么，这种想象在我们看来是令人印象深刻的。我们看到，在黑暗中被囚禁的一个心灵正在走向光明，正在走向新生，但他在一个有所伤害的环境中得到发展，并没有为这么宏伟的一
34 个结果做好准备。我们发现自己就在承担这种困难任务的一个心灵面前，但却不知道如何去帮助它，我们甚至可能会阻碍它。

但是，即使我们把自己局限在那些最基本的和不言而喻的观念中，我们也可以推测，儿童的天赋本能不仅对他的身体发展起作用，而且对他的心理活动起作用，因为我们看到，在所有动物的幼崽身上，能够通过一种内在的发育过程立即就展现出其物种的特征。实际上，就运动而言，人类的婴儿在运动力量上的发展要比其他动物的幼崽慢。儿童从诞生起就立即能运用他的感觉器官对光线、触摸、声音等有所反应，但他的运动力量是很小的。他既不能站立，也不能行走或说话。新生儿在很长的一段时间里比其他任何动物更表现出一种孤弱而无助的样子。他经过巨大的努力，在一岁后开始学走路。直到两岁的时候，他才学会行走。他的说话就像他的运动一样，在很长的一段时间里不能发音；在六个月时，他开始学习发一些音节。他是一个不能自助的人，能够哭喊而不能够说话；而动物的幼崽早已用它们的特有方式发音了。事实上，新生儿发出的声音是微弱的和哀求的；而小动物会发出一种真正的吠叫声，诸如小狗汪汪叫、小猫咪咪叫、羔羊咩咩叫。总之，小动物都有自己的语言，而不像婴儿——在所有人中唯一不能说话的人——那样的叫喊和哭泣。

35 认为儿童的肌肉乏力妨碍他站立和坐下，或者认为他没有协调运动的能力，那是一个很大的错误。新生儿的肌肉力量无疑是通过他的推拉动作

或抵挡动作而得到证明的。没有任何事情能比儿童从最初开始就实现吮吸和吞咽之间的艰难协调更为完美。儿童所处的自然环境不同于小动物所处的自然环境。他离开运动的领域，摆脱了本能的专横统治影响。为了一个新秩序，本能退出了，而肌肉期待着强壮和服从；它们等待意志的命令，以使人的身体和精神处于一种协调关系之中。儿童肯定会展现出他们的特征，不仅仅是一个物种的特征，而是一个个体心理的特征。物种的本能也明确地展现出来，但将强加上某些基本特征：这就是我们知道的，所有正常儿童都会直立行走和说话。但是，每一个儿童都可以展现如此令人意外的个体变化，这就构成了一个谜。众所周知，每一个幼小的哺乳动物在它充分生长时，有些情况是相似的。如果它是一头幼鹿，它就轻快而敏捷地行走；如果它是一头象，它就缓慢而笨重地行走；如果它是一只老虎，它就是凶猛的和有利齿的；如果它是一只兔子，它就在嫩绿的田野上从容地觅食。这样的特征既是不会改变的，也是不会混淆的。但是，人是能够做任何事情的。他的明显的惰性是为个性的奇异做准备。他的发音不清楚的嗓子终有一天会说话，但我们并不知道他用什么语言。他将说自己从周围的人那里模仿来的语言，经过很大的努力，他将从语音到音节，最后到词汇。
他将在与环境的关系之中有意识地发展他自己的所有功能。儿童将是他自 36
己的创造者。

因此，儿童运动器官的活力就是个人功能的**实体化**（incarnation）[①]，并具有他自己的特征。

通常认为，人体是运动器官的复合体。从生理学角度来讲，人体是随意肌的复合体。正如它们的名称所表明的，它们是由意志来驱动的。这个

① 实体化，指被赋予形体。——译者注

事实最有力地证明，运动是与人的心理活动紧密相连的。但是，如果人没有他的器官和他的工具，那意志将是一事无成的。

甚至任何动物，即使是最低等的昆虫，尽管它具有本能，但由于没有运动器官而不能获得表达的方式。人是生命的最高进化形式，肌肉是如此众多且复杂，以至于很多学习解剖学的学生说："要记住所有肌肉，你至少必须仔细研究七遍。"这些各种类型的肌肉一起工作，完成一些最复杂的动作。有些动作是主动的，有些动作是被动的；有些动作只能向前运动，有些动作只能向后运动。而且，由于所有肌肉的反向功能，因此，它们的动作并不是抵触的，而是协调的。每一种抑制总是伴随着一种驱动，所以，它们始终是相伴的。它们是真正的交往，许多肌肉在单个的动作中一起协调，因而能够完成无数的动作。例如，舞蹈演员的表演动作，小提琴演奏
37 家的手的动作，后者能把微小的动作传递到他的琴弦上。每一个动作都是与反向动作结合的，每一次转调都要求一组肌肉和一组反向肌肉同时行动，在任何情况下的完美都是通过一段准备时间而实现的。

这种准备并不是全部依赖于大自然，实际上部分（指明方向和意义的最高级部分）是依赖于个人能量的，这种源于大自然的能量是神奇的。当我们谈论人的时候，这是必须考虑的第一个事实。总之，人的一种有活力的心理肯定会在他的行动中体现出来，在世界中表现人自身。这是儿童生活的第一个篇章，也是人的第一个任务。

如果个人的实体化就是指儿童的心理发展，那儿童肯定具有一种先于生理活动的心理活动。这种心理活动不仅早就存在了，而且没有任何外部迹象会引起人们的注意。尽管意识开始的表现是犹豫的和微弱的，但它使感觉处于与环境的关系之中，并立即通过肌肉的运动而尽力表现出来。在个人与他的环境之间存在着一种相互影响，或者说，在精神的胚胎和它的

环境之间存在着一种相互影响。正是通过这种相互影响，一个人形成了他
自己,完善了他自己。这种原始的和发展的活动可以比作为脉冲囊泡的作用，
它在精神的胚胎中表现为心脏，使营养进入胚胎体的各个部分；同时，心
脏自身吸收来自母亲血管中的养料，这是它维持生存所必需的环境。因此，
心理个性自身的形成和发展依赖于这种与外部环境有关的运动原理的作用。
儿童努力从他的环境中去吸收，通过这样的努力他的人格得到深层次的统
一。这种长期而渐进的活动是一个持续的过程；通过这个过程，具有心理 38
活动的人获得并掌握了各种工具。在这个过程中，这种心理活动必须继续
依靠它的力量来保持其影响力，不至于使运动因丧失活力而变得机械呆板。
它必须不断地发出命令，以使不受固定本能支配的活动不至于退化而陷入
混乱状态。由此，一种创造总是处在一个实现的过程之中，一种能力总是
充满活力地得到增强，使心理实体化的工作永无止境。因此，就像胚胎的
发育一样，人的个性是通过自身的努力而形成的。儿童成为成人的创造者，
成为成人之父。

第三章　形成中的心理

敏感期

39 在婴儿能够运用自己的表达手段之前，他的敏感性导致了一种最初的心理结构的产生，但并没有明显地展现出来。

令人难以理解的是，最幼小的婴儿已经有他自己的心理活动。因为在新生儿身上确实表现出心理实体化的现象，所以，我们可以设想，人的心理隐藏在婴儿那孤弱无助的身体之中，这种早已发展的心理尽管是无声无息的，但却是敏感的。

然而，这种观念并不是确切的。同样，新生儿自身内部已有了一种完全形成的语言，但说话的运动器官还不能去表达，所存在的仅仅是一种建构语言的倾向。这种观念同样适用于他的心理活动的各个方面，例如，语言是一种外部表现形式。婴儿具有一种创造的能力、一种潜在的能量，因此，他能建构一个与他周围环境不同的心理世界。在这个方面，他将面临一些阻碍自己发展的冲突，面临一种保护自己心理活动的斗争，尽管这种心理活动是无意识的且与实际联系很少，但一些不可抗拒的结果将被看作
40 其工作的最后成就。如果没有一个人帮助他，如果没有一种环境准备接纳他，那么，他的心理活动就会处于连续不断的危险之中。也许我们可以说，幼儿在世界上是一个无家可归的人。

在婴儿心理发展的过程中，他所完成的一些事情是如此令人惊讶和不可思议。但是，熟视无睹的习惯往往使我们成为漠不关心的旁观者。那么，

一个儿童是如何从一无所有到使自己适应这个复杂的世界的呢？他是如何区分事物并在没有教师帮助的情况下而仅仅依靠生活就奇迹般地学会一种语言的呢？他天真无邪和十分欢乐地生活，丝毫不知疲倦。然而，成人的情况就不同了，他需要那么多的帮助才能使自己去适应一个新的环境，他必须努力学习才能学会一种新的语言，甚至连他自己在幼年时期就学习的母语要臻于完善，也需要付出很大的努力。

只是在最近，我们才可能问我们自己：这样的发展依靠什么？一个活的生物是如何发展的？

当我们谈到意识的发展时，我们只能说一个显而易见的事实，那就是：只是在最近，我们才逐渐知道它的内部机制。现代科学采用两种方式来了解这种内部机制：一种方式是研究影响身体生长的内分泌腺。这种研究引起了一种直接的和广泛的兴趣，对关注儿童的健康产生了非常实际的影响。
另一种方式是对**敏感期**（sensitive periods）的研究。这种研究使我们对儿童 41
心理的发展有了更多的了解。

荷兰科学家德佛里斯（Hugo de Vries）[①]在一些动物的生活中发现了敏感期的存在。但是，在我们的学校里，我们也观察儿童在他们自己家庭里的生活，第一次发现了幼儿的敏感期，并从教育的角度来运用它们。

这些敏感期是与某些特殊的敏感性相一致的，这些敏感性可以在生物的发展过程中被发现。它们是暂时的，其目的是获得一种明确的特性。一旦获得这种特性后，相关的敏感性也就消失了。因此，每一种特性都是借助一种刺激而获得的，一种短暂的敏感性只能在一个特定的发展时期出现，也就是说，在相关的敏感期出现。

① 德佛里斯（1848—1935），荷兰植物学家、遗传学家。生物变异理论的奠基人。1902年第一次提出“敏感期”的概念。主要著作有《变异论》等。——译者注

因此，发展并不是一些模糊的东西、一种不能改变的内在遗传，而是一种受短暂性本能细心指导的工作，从而带来了对一些确定的活动的渴望。但是，这些活动与同一个人在成人时期所从事的那些活动常常是截然不同的。

在生物学中，德佛里斯第一次研究了这些敏感期。这些敏感期特别是在活的生物通过变形而达到成体状态的过程中出现的，例如，昆虫就是这样的情况。这里，我们以蝴蝶的幼虫为例。蝴蝶的幼虫必须吃非常嫩的叶子，此外蝴蝶把它的卵产在树枝的最隐蔽的角落里，靠近树的树干，那里既安
42 全又隐蔽。当这些幼虫刚刚钻出外壳时，是什么东西告诉它们所需要的食物——嫩芽可以在树梢上找到呢？是光线！蝴蝶的幼虫对光线特别敏感。光线吸引着它们，似乎有一种不可阻挡的力量在召唤着它们，把它们迷住了。这些蝴蝶的幼虫沿着树枝向前蠕动，一直爬到顶端最亮的地方。在那里，它们找到了嫩叶，并把嫩叶作为滋养自己的食物。一个令人惊讶的事实是：当蝴蝶的幼虫通过了它们的第一阶段，长到能吃其他食物时，它们对光线的敏感性也就失去了。这种情况在科学实验室里得到了证明。在实验室里，既没有树，也没有叶子，只有蝴蝶的幼虫和光线。在一个用于实验的暗箱里，蝴蝶的幼虫会迅速地向从暗箱的孔射入的任何一线光亮蠕动。过了一定的时间，光线对它们完全没有吸引力了。它们对光线敏感的本能也不再起作用了。于是，蝴蝶的幼虫沿着另一条道路发展，寻求另一种生活方式。

同样是这只蝴蝶幼虫，出现了一种相似的灵敏的感受性。它立即从以前因太贪吃致使植物毁坏而变成一种斋戒的苦行僧。在这个严格的斋戒期内，它十分迅速地为自己造了一具石棺，并把自己置身于其中，好像已经死去一样。这种工作是紧张忙碌和不可阻挡的。在这个最后阶段，这只蝴蝶幼虫为自己配备了闪烁光亮的翅膀，不久就从石棺中飞出，最后变成了

一只美丽的蝴蝶。

众所周知，蜜蜂的幼虫也要经过这样一个阶段，在这个阶段里所有的雌幼虫都有可能成为蜂王。但是，这个蜂群只能选择一只雌幼虫作为蜂王。工蜂为它准备一种称之为“蜂王浆”的特殊食品。因此，在被喂了这种极
好的食物之后，这只雌幼虫就成为这个蜂群的蜂王。在特定的时间过去后， 43
如果工蜂挑选它时，它已经年岁较大，那就不可能再成为一只蜂王，因为它已经不可能再有贪婪的食欲，它的身体也不可能再发展成一只蜂王。于是，这个蜂群只能选择另一只雌幼虫作为新的蜂王。

这些事实可以引导我们去理解受到关注的人类儿童问题的关键。实际上，与这些动物最大的不同是：儿童内部具有生机勃勃的冲动力，由此使他做出精彩的表演，表现出惊人的行动。如果儿童失去这些冲动力，那就意味着他将是无识别能力和无活力的。但是，成人并不能从外部对儿童内部的这些不同状态的冲动力产生影响。

儿童在敏感期里会有很多收获，并使他以一种特别强烈的方式与外部世界发生联系。于是，一切都是容易的，一切都是充满渴望和活力的，每一次努力都是力量的增加。当一些心理激情耗竭时，另一些心理激情又被激起。所以，幼儿以一种持续的生气勃勃的节律，从一种征服到另一种征服，我们称之为儿童的“欢乐”和“天真”。正是通过这种纯洁的心灵，火焰不断地燃烧着而没有被浪费，人也就开始了创造自己的心理世界的工作。因此，儿童越来越强的生命力就是他实现一个个奇迹般自然征服的动因，这在他的心理发展中可以观察到。

我们所说的“实体化”和敏感期，可以比作观察形成中的心理的内在过程的一个探视孔。其实，我们看到，儿童的内部器官正在工作，并决定
着他的心理发展。 44

因此，这越来越清楚地告诉我们，儿童心理的发展不是偶然发生的，也不是由来自外部世界的刺激所引起的，而是受短暂的敏感性，即与获得某种特性相关的暂时性本能指导的。尽管这种心理发展是依靠外部世界而发生的，但外部世界并没有起决定性作用。外部世界仅仅提供儿童心理活动所必需的手段，就像身体是通过吃喝和呼吸从外部环境中获得生理生活所必需的手段一样。

我们已说过，内在敏感性决定着儿童从一个复杂的和适宜于生长的环境中选择一些必需的东西。这种主导作用体现在：使儿童的内在敏感性只是趋于某些东西，而对其他东西漠不关心。当他对某些东西产生敏感时，就仿佛来自他体内的一线光亮照在这些东西上而没有照在其他东西上，被照到的东西也就构成了他的世界。但是，这并不仅仅是强烈渴望发现自己处在特定的情境中或吸收特定的知识的问题。儿童具有一种能够利用这些东西来使自身成长发展的独特能力，因为他在敏感期中获得了某些心理能力来使自己适应外部环境，从而能在生活中运用自己的运动器官，并表现出灵敏的特点。

在儿童和他的环境之间的这些感觉关系中，存在着揭开神秘壁龛的钥
45 匙。在这个壁龛里，精神的胚胎实现了发展的奇迹。

我们可以把这种奇妙的创造活动设想为一系列来自潜意识的强有力的冲动。通过这些冲动与外部世界的接触，人就产生了意识。这种意识最初是混乱的，后来能够区分清楚，最后能够进行创造性活动。例如，儿童学习说话时就表现出这种情况。开始，环境中的那些声音是杂乱无序和模糊不清的，突然婴儿听到了一种清楚的、有魅力的和有吸引力的声音，就像是一种难以理解但又十分清晰的语言发出的声音。这时，婴儿那尚没有思考力的心灵听到了一种响彻他的世界的音乐。于是，婴儿的力量被激发起来，

但并不是他的全部力量，而仅仅是那些必须起作用的力量。这些力量通常是隐藏着的，只有在不正常的哭喊时才被表现出来。现在，它们以一种有节奏的运动活跃起来，并在一种命令下有序地改变它们的运动方式，这是为精神胚胎的秩序所准备的一种新的节律。但是，婴儿只是完全专注于目前的生活，他的未来发展仍然是未知的。

渐渐地，婴儿的耳朵能够分辨出不同的声音。他的舌头也有了新的运动，原来仅仅是用来吮吸的，但现在开始感觉到一种内在的颤动，似乎在一种不可阻挡的力量的推动下，它伸缩着去与喉咙、嘴唇和脸颊相配合。这些颤动是有活力的，然而除了能给婴儿带来一种无法言表的乐趣外，并没有任何的目的。

儿童此时正处在工作的敏感期，一种神奇的力量正在使儿童孤弱无助 46
的状态消失，并用它的精神去激发他。

在婴儿的生活中，这部内在戏剧是一出爱的戏剧。从最广泛的意义上来说，爱是唯一的伟大的现实，正在儿童心灵的神秘壁龛里展现出来，并不时地吸引着儿童的整个心灵。这些令人惊讶的活动并没有停止，而是留下不易除去的痕迹，人通过这些活动将变得更加优秀，并使自己具有了更崇高的品质，这些品质将伴随其一生。然而，这一切都是在不知不觉的情况下发生的。

所有这一切都是悄悄地和难以察觉地发生的，因为外部环境的条件能够充分满足儿童的内在需要。例如，就说话而言，说话在整个生命过程中是最难以察觉的，它与敏感期联系的时间也是最长的。它之所以存在着秘密，是因为婴儿始终被人们包围着，人们通过说话为他的语言发展提供了必需的条件。所以，使我们了解婴儿敏感状态的唯一的外部迹象就是他的微笑。当我们用同一种清晰而简短的词语与他说话时，他会明显地表现出高兴的样子，表明他能够区分不同的声音，就像我们能够区分教堂的钟声一样。还有，当成人在傍晚时对婴儿唱一支催眠曲，一遍一遍地重复着相同的歌词时，我们可以看到他慢慢地安静下来，并处于一种天使般的安静状态之中。正是在这样的欢乐之中，他离开了意识世界而进入梦乡。因为我们知道这一点，所以，我们会用甜蜜挚爱的语言与婴儿说话，其目的就是要使生活中充满着他的微笑。正因为这种认识，所以，从远古时代起，人们一到傍晚就会对孩子们讲故事或唱歌，以满足其在这方面的渴望，并给予即将睡
47 眠的心灵一种安慰。

这就是儿童具有创造力的敏感性的正面证据。

但是，还有其他一些更为明显的反面证据。我们看到，当外部环境阻碍儿童的正在秘密起作用的内在本能时，它们引起了儿童心理的失调和畸变，其结果将会伴随儿童的一生。如果婴儿不能受他自己的敏感期的指导，那么，他就失去了一种征服自然的机会，而且永远失去了这种机会。

当环境中的一些东西阻碍儿童的内在本能起作用时，敏感期的存在是通过他的一些激烈反应而表现出来的。我们可以把它看作一种没有原因的绝望反应，所以，被认为是“任性”和“发脾气”。“发脾气”表现了一种内在的障碍、一种需要没有得到满足和一种心理紧张的状态。那时，儿童的心灵正在为自己所需要的东西而大声呼喊，寻求对自己的保护。

发脾气的表现就是有越来越多的无理的和烦躁的行为，相当于婴儿没有相应的病理原因就发烧。正如我们所知道的，儿童生病通常会体温升得很快，但它来得快去得也快；然而，这种病对于成人来说是没有什么影响的。同样，在心理方面，我们发现一种强烈的焦虑不安，它归于一些细小的原因，与婴儿异常的敏感性是联系在一起的。这些反应一直引起了人们的注意，
48 实际上幼儿发脾气几乎从他诞生起就表现出来了，可以把它看作人固有的

反常心理的证据。当然，如果把每一种生理方面的失调都看作一种功能性疾病的话，那我们必须把心理方面的失调也称为功能性疾病。因此，婴儿的第一次“发脾气”也就是他的第一次心理疾病。

人们已经观察到这些激烈的反应，因为有一些病理事实总是首先受到注意的。不是安宁，而是失去安宁本身，成为一个值得思考的问题。最明显的事情不是自然规律，而是对自然规律的违背。因此，没有一个人注意到生命的创造性工作或随之维护生命的那些难以察觉的外部征兆。生命的创造和保护的事实仍然是隐藏着的。在身体功能方面，内在器官的机制确实是很奇妙的，但没有一个人看到它或注意它。甚至依靠这些内在器官而活着的个人，也没有意识到自己的生理组织在进行令人惊叹的工作。大自然是在不知不觉的情况下工作的，我们把身体机能协调平衡的发展称为“健康”或“正常状态”。健康！它意味着在每一个细节上的胜利，实现全部目标的胜利。

当艰难的健康奇迹可能仍然无人知晓和未被察觉时，我们已客观地注意到疾病的所有细节。事实上，在医学史上，一些疾病从古代起就已经为人所知了。外科手术治疗的痕迹可以追溯到史前时代，医学最早也可以追
溯到古希腊和古埃及的文明时代，然而，我们最近才对人的内部器官的功 49
能有所了解。血液循环的功能是在17世纪时被发现的，为了研究内部器官的第一次人体解剖是在1600年进行的。也就是说，对病理的研究间接地促进了对生理学秘密的发现，即对身体正常功能秘密的发现。

所以，难怪人们仅仅意识到儿童的一些心理疾病，而对他心理的正常工作的认识仍处于茫然无知的状态。如果我们考虑到这样的心理功能是极其微妙的，是在隐蔽的地方秘密地工作而不会表现出来，那就更容易理解人们现在这种无知的状态了。

有一种说法是有点令人吃惊的，然而并不荒唐，那就是：成人只知道儿童心理的疾病，而不知道儿童心理的健康。健康的心理仍被隐藏着，就像所有的宇宙力量还没有被发现一样。

如果情况确实是这样的，如果我们必须把儿童看作在隐藏的力量中我们尚未知的一个秘密，如果他的心理活动是在功能性失调和病态的背景下发展的，那么，这种情况就是很多心理畸变所产生的必然原因，致使他无识别能力、身体衰弱和发育迟缓。这并不是一幅想象中的图画，而是一种反映目前状况的现实。在生命开始时的毫厘之差会导致以后生命中的天壤之别，人并没有在自己正常的状态下成长发展和达到成熟。

所需要的关爱

50 成人并没有对婴儿提供帮助，因为他甚至不了解婴儿肯定会做出的努力，所以，他没有清楚地认识到那个正在发生的奇迹。在成人看来，从无到有的创造奇迹，显然是由一个没有心理活动的人所完成的。

“敏感期”这一观念带来了一种对待婴儿的新方式，但在此之前，婴儿仅仅被看作一个幼小的植物性躯体，除了迫切需要身体上的照料外，其他一概都不需要。现在流行着一种对儿童心理表现的看法：在对儿童的照管中，我们自己必须不仅考虑存在着什么，而且考虑能发展成什么。对实体化过程中乃至新生儿中的心理现象，成人肯定不能再处于一无所知的状态。他必须跟随儿童的早期发展，并对儿童给以激励。成人并不是帮助婴儿去形成他自身，因为那是大自然的任务，而是必须显示出对婴儿心理活动的重视，提供婴儿心理发展所需要的东西。总之，成人必须为精神胚胎提供一种适宜的环境，就像母亲的子宫为生理胚胎提供一种适宜的环境一样。

为了证明最年幼的儿童也具有心理活动，我们并不需要进行科学实验，因为通过实验心理学是能够理解这些情况的。正如一些现代心理学家所尝试的那样，试图通过给儿童提供感觉刺激来引起他的注意，期待一种运动反应。这种运动反应恰恰表明了一种心理反应。 51

首先要说的是，有一个事实是很难被证明的，那就是:在某个阶段（实际上可能是生命的第一年），儿童已实现了运动器官的心理协调，也就是说，生物成长或实体化的过程正是在这个阶段积极进行的。然而，胚胎肯定会存在一种心理活动，但它是不成熟的，是先于任何自发运动的，因为它是激励这种运动的灵魂。

最早的激励方式是由感觉产生的。例如，正如莱文（J. Levine）[①]用他的心理学电影所显示的，想要得到某个东西的儿童，只会用探出他的整个身体的方式去接触那个东西。只有过了很长时间后，随着他的运动器官的协调发展，儿童才能分离出各种动作，例如，他伸出手是为了得到自己想要的东西。

另一个例子是关于一个四个月大的婴儿的。这个婴儿喜欢盯着一个说话者的嘴唇，尽管他无法清楚表达自己的意思，他的嘴唇也不能做好发音的动作，但最重要的是，从他脸上已能看出一种敏锐的注意力，表明他已被自己面前的那个有趣的现象吸引住了。只有到六个月大的时候，这个婴儿才开始发音，甚至只是使用某些独立的音节。因此，在最早的清晰发音之前，这个婴儿表现出一种可以觉察到的对说话的兴趣，秘密地准备激发他的发音器官，因为已存在着一种正在激发的心理因素。这样的敏感性的存在能从观察中得知，而不能从实验中得到。事实上，由那些实验心理学

① 莱文，美国心理学家。——译者注

52 家所尝试过的类似实验可能是在外部环境中进行的，这会破坏婴儿心理的秘密工作，因为婴儿在适当的时间之前会唤起建构性能量。

对婴儿心理活动进行观察的方法，必须采用与法布尔（Jean H. Fabre）[①]对昆虫观察的相同方法。法布尔为了能够仔细观察昆虫而隐藏起来，让昆虫在自然环境中生活，不去打扰它们。同样，当儿童的感觉器官有意识地积累外部环境的印象时，我们才开始观察他们，因为从那时起一个生命才会依靠它的外部环境自发地发展起来。

为了帮助儿童，成人并不需要具备某些特别的观察能力或诠释能力。成人只需要做这样简单的事情就足够了：应该在心理上做好准备，以便帮助儿童那隐藏起来的心理。而且，有关儿童的一般观念将足以使我们成为儿童的追随者。

正如我将通过一些例子所表明的，儿童所需要的关爱，既是简单的，又是实际的。我们知道，因为婴儿还不能站立，所以他总是躺在那里，因此，他与其环境形成的最初的感觉关系肯定是用天空形成的，而不是用大地形成的，然而观看天空又恰好是成人防止他做的事情。事实上，他躺在那里凝视着的通常是房间里平坦的白色天花板或他的童车篷盖。但是，通过这样的情景，这个婴儿就能获得最早的感觉印象，以滋养他的饥渴的心灵。

53 那些认为婴儿需要观看一些东西的人，往往会把一些物品放在他面前，以便把婴儿从单调的环境中吸引开来。正如那些实验心理学家所做的同样事情，这些本意良好的人会把一只能摇动的球或一个有颜色的物件挂在婴儿的摇篮上。婴儿渴望去拿到它或由此去想象他自己的环境时，为了使眼睛跟随着在他面前晃动的那些球或玩具，他就要努力去转动自己的身体。

① 法布尔（1823—1915），法国昆虫学家，以研究昆虫解剖学而著名。主要著作有《昆虫记》（十卷）、《自然科学编年史》等。——译者注

这种转动的努力是不自然的，因而使婴儿处于一种十分别扭的姿势和运动之中。实际上，我们只要把婴儿放在略有倾斜的高一点的平面上就足够了，这样他至少能俯视自己房间里的环境。同样，也可以把婴儿放在花园里，在那里摇动的树叶、鲜艳的花朵以及跳跃奔跑的动物将为他构筑一个生气勃勃的景象。

应该让婴儿长时间观看相同的景象，这是必要的。因为通过观看同样的东西，他就能学会识别它们；看到它们总是放在同一个地方，他也就学会了区分无生命的物品的移动和有生命的生物的运动。

外部秩序

出生不满一个月的婴儿从未被带出他所住的那幢房子。当住在那幢房
子里的父亲和叔叔一起出现在他面前时，他的保姆正把他抱在膝上。父亲 54
和叔叔俩人差不多一样身高，年纪也相仿。这个婴儿一开始表现出有点紧张的惊讶，甚至有点害怕。这两个人站在他面前，但他们是分开的，一个人走到右边，另一个人走到左边。这个婴儿带着明显的焦虑转过去看着其中的一个人，在凝视一段时间后他就笑起来了。但是，突然他的表情又一次变得紧张起来，而且越来越紧张和惊恐。他迅速地转过头看着另一个人，在凝视一段时间后他又一次笑了起来。他重复了这种从紧张到微笑的转变，以及重复地把他的头左右转动近20次，直到他的小脑袋灵光一现而认识到有两个男人为止。这两个人是这个婴儿曾经看到过的唯一的男人。他们俩对他十分关怀，把他抱在怀里，并满怀深情地跟他说话。这个婴儿认为，有一个男人不同于他周围的母亲、保姆和其他女人，但他从来没有看见过两个男人在一起，他显然形成了只有一个男人的想法。因此，当他突然同时看到两个男人时，他受到了惊吓，他是那么费力地来进行区分，才不至

于陷入变成两个男人的混乱之中。

那些年幼儿童的一个特点就是对秩序的爱。一岁半或两岁的儿童能够清楚地指明一些东西，他们甚至更早就具有了这种能力，但并没有引起人们的注意。他们需要自己周围的环境有秩序。儿童这种对秩序的爱并不能与一位好的家庭主妇进行比较。家庭主妇说："我爱我的家，我喜欢使
55 它一直是整洁的。"她只是说说而已，但婴儿就不能生活在杂乱无序的环境之中。混乱无序会干扰他，使他心烦意乱。他会通过绝望的叫喊来表达自己的痛苦，甚至会采取生病的形式来表达自己的焦虑。婴儿能直接意识到一种杂乱无序的情况，而成人和年龄更大一点的儿童往往对此没有察觉。他周围外界环境的秩序明显地影响他的敏感性，但当他长得更大一点时，他的这种敏感性也就消失了。所以，那些周期性的敏感性恰恰会在生物的发展过程中出现，我们称之为"敏感期"。这样的敏感期是一个最重要的和最神秘的时期。

每一个人在认为儿童天性就是混乱无序时，会说儿童经历一个与外部秩序有关的敏感期似乎是令人惊讶的或无法理解的。这种相反的说法源于这样的事实：婴儿不能指出他自己在一个环境中的位置，因为这个环境并不是他自己的。而且，掌控这个环境的是一个比他更强有力的人，即一个不理解他并认为他是任性的成人。然而，对于那种毫无理由扯着嗓子拼命任性哭喊的婴儿，对于那种无论怎样安抚都不停止哭喊的婴儿，我们见得还少吗？显然，在婴儿的心灵里，仍然隐藏着成人还不了解的秘密。

因此，对于这些内在的秘密需要，唯一需要的是给予成人一种暗示和指导。这样，成人就可以立即意识到婴儿心灵里所隐藏着的秘密，并将看到婴儿心灵是如何去展现这些秘密的。

在我们的学校里，如果任何东西没有被放在它规定的地方，两岁儿童

就会注意到它并把它放回原处。这种情况并不是经常发生的，因为两岁儿 56
童已把它看作一个规则。同样必要的是，为了使儿童养成保持整洁有序的习惯，在我们的学校里几乎所有不必要的东西都被去除掉。而且，为了展现这样的外部秩序倾向，儿童必须是自由的。

在巴拿马运河通航那一年举办的旧金山博览会（San Francisco Exhibition）的中心大厅里，曾展出了有关我们学校的图片。从这些图片上，很多公众能见到这样的现象：有一个两岁儿童在放学后把所有椅子沿着墙壁放好。在他的工作中，他看上去是若有所思的。有一天，他倚靠着一把大椅子，无法决定该怎么办，经过思考后他把这把大椅子放在与其他椅子相隔不远的地方，实际上那里也就是这把大椅子通常放的位置。

又有一次，一个大约四岁的儿童在把水从一个容器倒入另一个容器时，把一些水溅落在地板上，但他自己并没有看到。这时，一个年龄更小的儿童拿着一块抹布坐在地板上，当水掉在地板上时，他就马上擦干净，这个大约四岁的儿童并没有注意到这种情况。当他停止倒水时，那个年龄更小的儿童就问：“你还有吗？”这使得这个年龄更大的儿童惊讶地反问道：“还有什么？”

但是，如果没有准备一种适宜的环境，以及儿童发现他在成人中不能平和地表达自己的想法，那么，儿童的这些有趣表现就可能变成令人痛苦的、难以理解的和没有礼貌的事情。

儿童身上这种敏感性的具体征兆使人感到惊讶，在他们的需要得到满
足时，这样的一种征兆被看作欢乐和热情的一种表现。对于成人来说，有 57
必要去学习幼儿心理学，因为秩序的敏感期是在儿童诞生后的最初几个月里出现的。只有受过我们的原理培训的保姆才能提供这样的例证。这里，我可以举一个例子：一位保姆每天用童车推着一个五个月大的婴儿慢慢地

通过房子前的庭园，这个儿童一看见嵌在灰色旧墙上的一块白色大理石碑，就表现出特别的兴奋和欣喜。尽管庭园里遍地都是惹人喜欢的花朵，但是，每当她们走近那块白色大理石碑时，这个小女孩总是特别兴奋和高兴。所以，这位保姆每天都把童车在那块白色大理石碑前停一下，似乎这是能使诞生不久的婴儿持久快乐的事情。

但是，我们又应该看到，一个敏感期的存在更可以通过儿童所遇到的障碍清楚地展现出来。也许，儿童在大多数情况下发脾气是由这样的敏感性引起的。

我将提供几个来自现实生活中的例子。这是一个小家庭的情况。我们所谈论的婴儿只有几个月大，习惯于躺在一个略有倾斜的大床上，以便俯视他周围的环境。他的房间实际上是根据生理卫生学原理而布置的一个可以盥洗的保育室，并没有漆成通常的白色。这个房间的窗格玻璃是彩色的，并布置了几件漂亮的家具和一些鲜花，一张铺有黄色台布的桌子上面还摆着一盆植物。有一天，一位客人来到她家里作客，把她的伞放在那张桌子上。
58 于是，这个小女孩开始变得焦虑不安起来。这把伞肯定是她焦虑不安的原因，因为她是在凝视这把伞后开始哭泣起来的。保姆以为她想要这把伞，就把伞拿给她，她却把它推开了。于是，伞又被放回到桌子上。小女孩还继续在哭泣，并进行挣扎，尽管保姆把她抱到放在桌子上的这把伞旁边。缺少经验的人会对此做出这样的反应，认为小女孩的行为是儿童自己自诞生以来就表现的那些早熟脾气中的一种。但是，这个小女孩的母亲从桌子上拿起这把伞，并把它放到房间外面去，因为她对儿童早期的心理征兆有所了解。这时，小女孩立即就变得平静了。她之所以焦虑不安，原因就是这把伞被放错了地方，这严重地打乱了这个小女孩需要记住的那些东西通常摆放位置的秩序。

还有另一个有关年龄更大的儿童的例子。有一天，我发现自己与一群旅行者一起穿越那不勒斯的尼禄岩洞，其中一位年轻母亲带着她的大约一岁半的孩子。由于这个孩子年龄太小，因此他不能自己步行走完穿过一座小山坡的地下通道的整个行程。没过一会儿，这个孩子就累了。他母亲只得抱起他，但她过高估计了自己的力气。抱着孩子走路使她感到很热，于是她停下来脱下外套并把它搭在自己的手臂上，这对她抱孩子是有妨碍的。这时，她手里抱着的孩子开始哭泣，而且哭声越来越大。他母亲努力使他安静下来，但没有一点用处。这位年轻母亲显然是累垮了，并表现出十分苦恼的样子。实际上，这种情况引起了所有人的关注，其他人很自 59
然地想过来帮忙。大家轮流抱着这个小孩，但他仍然在挣扎和哭泣。我们每一个人或与这个小孩说话或训斥这个小孩，但这只能使情况变得更为糟糕。

看起来，好像这个小孩的母亲应该抱他，但他却处于一种我们称之为“发脾气”的状态，因此，改变抱的姿势似乎是没有用的。这时，导游走过来说：“夫人，您的先生怎么会让您一个人带孩子旅行？让我来抱他！”他十分严肃地用自己强有力的手臂抱着这个小孩，但这个小孩的挣扎实际上变得更加激烈了。

我想到幼年期的秘密以及这个小孩的反应肯定是有原因的。于是，我走上去对这位母亲说：“请允许我帮你穿上外套吗？”她惊讶地看着我。由于她仍然感到很热，因此，她被我说的话弄糊涂了，但她听从了我的话，让我帮她穿好了外套。这时，这个小孩立即就安静下来了，不仅停止了哭泣，而且停止了挣扎。他说：“妈妈，穿上外套。”他仿佛要说：“妈妈，外套就应该是穿上的。”他把手伸向自己的母亲，并露出了微笑，也许他在想：“你们终于理解我了。”这使得接下来的行程完全是平静的。外套就是要穿在身上的，而不能像一块抹布一样搭在手臂上。这位年轻母亲身上出现的无序现象，作为一种不和谐的干扰影响了她的孩子。

还有另一个家庭的情景，是我见到的最有启发意义的一个例子。那位母亲感到自己的身体有点不舒服，就躺在沙发上，保姆给她放了两只靠垫。这时，她那21个月大的女儿走到她面前，要她讲故事。作为母亲的她，怎
60 么可能拒绝自己孩子提出的这个要求呢？虽然那位母亲仍然感到不舒服，但她开始讲故事，这个小女孩全神贯注地听着。但是，她后来实在无法继续把故事讲下去，只得让保姆扶她到隔壁房间的床上睡觉。这时，被留在沙发旁的小女孩就哭泣起来了。每一个人都会认为，这个小女孩的哭泣是自然的，因为她为自己母亲的生病受惊和难过，于是尽力去安抚她。然而，当保姆要把沙发上的两个靠垫拿到隔壁房间去时，这个小女孩开始尖叫起来：“不是靠垫，不是靠垫！”她仿佛在表示：“无论怎样，靠垫必须放在它原来的位置上！”

保姆用好言好语哄着这个小女孩，并把她带到了母亲的床边。尽管她母亲生病了，但仍然尽一切努力继续讲故事，以为这样可以安慰自己的孩子。但是，这个小女孩仍然抽泣着，泪流满面地重复说：“妈妈，沙发。”这时，故事已不再引起这个小女孩的兴趣。她母亲和靠垫已改变了它们的位置。在一个房间里开始讲的故事而在另一个房间里结束，这个小女孩心里的冲突是戏剧性的和难以弥合的。

这些例子表明了秩序本能的强烈程度，同样令人惊讶的是儿童的早熟程度。一个两岁儿童对秩序的爱，会以一种平静和主动的方式表现出来。事实上，我们注意到，在我们的学校里最有趣的事情之一是，如果有任何东西被放错了地方，注意到它的儿童就会把这个东西放到规定的地方去。
61 他会注意到最小的细节上的不一致，但成人和年龄更大一点的儿童就不会

注意到这一点，例如，一块肥皂被放在脸盆架上而不是放在肥皂盒里，或者，一把椅子被放歪了或被放在不恰当的地方，看到它的儿童就会跑过去把它放在正确的地方。一些东西放得零乱无序，似乎对他相当于是一种刺激，一种使儿童不安的信号。把东西放得整齐有序能给儿童带来真正的快乐。的确，我们注意到，在我们的学校里，那些三四岁的儿童在完成练习或工作之后，都会把那些使用过的东西放回规定的地方。显然，他们是自发地和欢悦地去做的。

秩序——就是把东西放在规定的地方。儿童具有秩序感意味着，他已知道那些东西在环境中所应有的位置，并清楚地记得它们的位置。这也意味着，他能够适应自己的环境，并熟悉所有的细节。我们内心希望有这样的环境：我们闭着眼睛也能到处走动，只要伸出手就能拿到想要的东西。对于平静和欢乐的生活来说，这样的一种环境是必不可少的。

很明显，儿童*对秩序的爱*不同于成人对秩序的爱。在某个年龄阶段，它是一种极其重要的需要。对儿童来说，混乱无序是一种痛苦。它使儿童的心灵受到了伤害。因此，儿童仿佛会说："我不能*生活*，除非我周围是有秩序的。"实际上，对儿童来说，这是一个生与死的问题。但对成人来说，它仅仅是一个有关是否快乐、是否舒适的问题。然而，儿童会*使自己*处于一个适宜的环境之中。他的自我活动并不是通过一些模糊的方式实现的，而是根据一种明确的指导去做的。大自然的指导根据有关令人生畏的 62
原则去实施它的计划和时间表，健康与生病、生与死在这个原则中起了作用。对于年幼儿童来说，秩序就像陆栖动物行走的大地或鱼儿遨游的水域。必要的是，儿童在幼年时应该在一个环境中获得*方位要素*（elements of orientation），使他的精神在这个环境中得到进一步的发展。

这种对秩序的爱的特点在儿童的游戏中被展现出来。瑞士心理学家皮亚杰（Jean Piaget）①根据日内瓦的克拉帕雷德（Edouard Claparede）②教授的观点，对他自己的孩子进行了一些有趣的实验。他当着孩子的面把一个东西藏在一把扶手椅的坐垫下面，然后要孩子到房间外面去，他又把这个东西藏到这把扶手椅对面的另一把扶手椅的坐垫下面。皮亚杰教授希望孩子回到房间后，会在第一把扶手椅的坐垫下面找不到东西时，又到对面那把扶手椅的坐垫下面去继续寻找。但是，他孩子仅仅翻开第一把扶手椅的坐垫去找东西，然后用一种儿童语言说："东西没了。"孩子并没有到其他地方去继续寻找这件东西。皮亚杰教授重复这项实验，允许孩子看着他从第一把扶手椅的坐垫下拿出东西藏到另一把扶手椅的坐垫下面。然而，孩子还是像以前那样重新找了一遍，并同样说："东西没了。"因此，皮亚杰教授得出结论：他孩子有点傻。同时，几乎有点不耐烦地翻起第二把扶手
63 椅的坐垫说："你没有看到我把东西放在这里吗？"他孩子回答说："我看到了。"然后指着第一把扶手椅说："但是，它应该是放在这里的。"

这个儿童并没有寻找任何东西的想法，因为他觉得这个东西与他自己没有关系。他所关心的事情是，这个东西应该放回它原来的地方，也许他认为父亲不理解这种游戏的意思。难道这种游戏不就是简单地把某个东西拿走然后又把它放回原来的地方吗？他父亲所说的"藏起来"恰恰是指：这个东西藏在坐垫下面就是藏在让他看不见的地方。但是，这个儿童却认为，如果这个东西不被放回原来的地方，那这种游戏还有什么意思呢？

当我开始与一些两三岁的儿童一起玩捉迷藏的游戏时，我也感到十分

---

① 皮亚杰（1896—1930），瑞士心理学家，发生认识论创始人。他创立的心理学派被称为"日内瓦学派"。主要著作有《儿童的语言与思维》《儿童的道德判断》《教育科学与儿童心理学》等。——译者注

② 克拉帕雷德（1873—1940），瑞士心理学家，《心理学文库》创办人之一。主要著作有《儿童心理学和实验心理学》《机能心理学》等。——译者注

惊讶。在这种游戏中，儿童不仅总是很激动和很高兴，而且充满着期望。他们的游戏是这样进行的：一个儿童当着其他儿童的面藏到铺着长长的台布的桌子下面，然后其他儿童走出房间，等他们再回到房间时马上就去掀起台布，当他们看到藏在桌子下面的同伴时就高兴得大声叫喊起来。这些儿童一遍一遍地重复做这种游戏。他们依次说："现在我来藏。"然后，就爬到那张桌子下面。另一次，我看到一些年龄大一点的儿童与一个年龄小的儿童玩捉迷藏的游戏。他们知道那个年龄小的儿童藏在一件家具后面，但他们进来时，假装没有看到他。除了这件家具后面，他们故意找遍了房间里的所有地方，他们认为这样就会使那个年龄小的儿童感到高兴。但是，
那个年龄小的儿童却大声叫喊起来："我在这里！"并且很不高兴地嚷道："难 64
道你们没有看到我在这里吗？"①

有一天，我自己也参加了这样的游戏。我看到一群幼儿高兴地欢呼起来并鼓掌，其原因是他们找到了藏在门后面的一个同伴。他们挤在我身旁，请求说："和我们一起玩吧。你藏起来！"我同意了。他们都奔到房间外面去，似乎他们不想看到我会藏在哪里。我并没有藏在门后面，而是选择藏在一只柜子后面的角落里。当幼儿们回来时，他们全部都奔到门后面找我。我等了一会儿，看到他们不再找了，于是我就从躲藏的地方走出来。这些

① 艾丽丝·梅内尔对同样的事实进行了一种极为生动的描述。她说，对于一岁或还不到两岁的儿童来说，"他们对令人感到惊讶的事情并不渴望。如果你藏起来而他们不能看到你藏在哪里，那他们对寻找你的乐趣是比较小的；但是，让他们很好地知道你藏在什么橱中，他们就会带着发现的呼喊声去寻找你。更好的隐藏地方被共同理解为更热闹的戏剧。他们为自己的表演制定了一种艺术惯例。年龄越小的儿童越富有戏剧性。当房子里充满了一个气喘吁吁的儿童发出的一阵欢笑叫嚷声时，他会假装在发现他母亲时的惊讶，他会命令他母亲再假装去藏起来。这是儿童从未感到厌倦的喜剧场面。应该让不能理解魅力是什么的年龄更大的儿童留意他如何尝试用一种更加清晰的欢乐形式来替代它。因为，如果不是这样的话，那人们将会发现儿童也有一种替代形式，他们会用半心半意的笑声来替代他们天生的强烈的叫嚷声"。见《未准备好》——英文本译者注

儿童都表现出一种颇为失望和沮丧的样子。他们有点责备地问道："你为什么不和我们一起玩？你为什么不藏起来？"

如果游戏的目的确实是为了欢乐（这些儿童实际上很高兴重复他们的
65 可笑做法），那我们必须认识到，某个年龄阶段儿童的欢乐在于他们在自己认为的地方找到那些东西。对他们来说，把一些东西藏起来就是看不见这些东西。它的重新发现带来了一种秩序感，不管看到什么，还是没有看到什么，某种东西总是放在它应该放的地方。因此，他们会对自己说："你看不到它，但我知道它在哪里，我闭着眼睛也能找到它，确信它被放在哪里。"

大自然已赋予儿童对秩序的内在敏感性，这是通过一种内部感觉而形成的。这种感觉就是区别各种物体之间的关系，而不是物体本身，因而把环境看成一个整体，在这个环境中各个部分是相互依存的。只有在这样的一个整体环境中，才有可能使儿童自己去适应这个环境，并有目的地去行动。正是在这个基础上，儿童形成了他对相互关系的感觉。如果所积累的外部印象不按照秩序组织起来的话，那它们有什么用处呢？它就像在一个房子里放置家具一样。如果一个人仅仅知道区别各种物体，而不了解各种物体之间的位置关系，那他会发现自己处于一种无法摆脱的混乱状态之中。儿童的工作应该归功于人的能力，这种能力似乎是大自然赋予的一种礼物，是对他自己的引导以及在世界上找到他自己的方式。在秩序的敏感期，大自然给儿童上了第一节课，同时像一位教师给儿童提供一张教室平面图，使他为识别地图做好了准备。或者，我们可以说，通过这第一节课，大自然给人提供了一只指南针，使他能在世界上调整自己的方向。同样，大自
66 然赋予年幼儿童正确学会说话的能力，而成人将随着年龄的增加使他自己的语言得到无限的发展。人的心理不是凭空而来的，而是儿童在他的敏感期所打下的基础上发展起来的。

内部定向

儿童具有两种秩序感：一种是外部的秩序感，属于儿童对自身和环境之间的关系的感知。另一种是内部的秩序感，属于儿童对自己身体的各个部分及它们的相对位置的感知。我们把后一种感知称为“内部定向”。

内部定向一直是实验心理学家研究的主题。他们认为，存在着一种肌肉感觉，能够使儿童意识到自己身体的不同部分所在的不同位置。这就要求有一种特殊的记忆——“肌肉记忆”（muscular memory）。这种解释基于有意识运动的经验，已构成了一种纯粹的机械理论的基础。例如，如果我们移动自己的手去拿取某个东西，这个动作就被感知了，不仅保存在我们的记忆中，而且可以重复再现。

但是，正好相反，儿童的情况已表明，早在他能自由地到处走动和获得任何经验之前很久，已存在一个与他身体的位置有关的高度发展的敏感期。也就是说，大自然已经给儿童准备了一种与他身体的姿势和位置有关的特殊的敏感性。

那些旧的理论是建立在神经系统的机制基础上的，然而，敏感期是与 67
心理活动有关的。刺激和反应的心理活动为意识的方式做好了准备。它们是能量从不存在到存在的基本要素，而这些基本要素建构了儿童的心理世界。因此，大自然为儿童的心理发展提供了潜在的可能性和未来发展所需要的有意识经验。

我们发现，当儿童的环境阻碍他的创造性征服的正常发展时，可以看到一个反面证据，恰恰可以用来证明这种敏感期的存在以及它固有的敏感性。当这种情况发生时，儿童变得极为焦虑不安和发脾气，还可能呈现出疾病的征兆。如果这些不利的情况持续下去，那就有可能阻止所有治愈这种疾病的尝试。然而，一旦障碍排除了，儿童的脾气和疾病也就消失了，这明显地表明了产生这种反常现象的原因。

这里有一个有趣的例子，是一位英国保姆告诉我的。由于需要有几天离开她工作的那个家庭，这位保姆找到了一个能干的替代者。这个替代者开始以为这个工作很容易，但她在给所照料的小孩洗澡时却碰到了很大的困难。无论何时，只要一给这个小孩洗澡，他就变得烦躁不安和绝望。这个小孩不仅大声哭喊，而且还在替代保姆的怀里挣扎，并试图挣脱她的手臂。这位替代保姆为给小孩洗澡做了她所能想到的一切，但这个小孩仍然厌恶
68 她。当以前的保姆回来时，这个孩子就恢复了平静，很明显地喜欢洗澡了。这位英国保姆曾在我们的一所学校里受过这方面的训练，对发现儿童厌恶的心理原因产生了兴趣。对儿童之谜的发现，将会解释已发生的这个现象。她抱着极大的耐心，试图去解释如此年幼的儿童所说的那种语义不清楚的话语。这个小孩已经把替代保姆当作坏人，那是为什么呢？因为替代保姆是用与以前相反的动作给他洗澡的。于是，这两位保姆比较了她们给小孩洗澡的方式，并发现了这个差异：前一位保姆是右手托住他的头，左手托住他的脚；而后一位保姆恰好相反。

我可以回忆起来的另一个例子，情况更为严重。它表现出一种尚未确诊的疾病的所有征兆。我偶然被卷入其中，虽然没有以医生的身份直接参与进去，但我目睹了所发生的一切。所说到的这个小孩还不满一岁半。他的家庭刚刚结束了一次漫长的旅游，根据他们的看法，这个小孩太年幼了，不能忍受这种旅途的疲劳。然而，小孩的母亲提到，在旅途中一切相当顺利，没有发生什么特别的事情。每个晚上，他们都睡在一流的旅馆里，那里有现成的围着栏杆的婴儿床，还为小孩准备了特殊的食物。现在，他们住在公寓的一个有家具的宽敞房间里。由于没有围着栏杆的婴儿床，这

个小孩和他母亲睡在一张大床上。他的疾病就从这时开始了，最初的症状是晚上睡不安稳和消化不良。一到晚上，就需要把小孩抱在怀里。他的哭喊声被认为是由于肠胃不适的缘故。请来儿科医生对这个小孩进行检查， 69
并给他提供了含有很多维生素的饮食、日光浴、新鲜空气理疗，还采用了其他的方法。但是，所有这些措施都毫无效果，夜晚成了他们全家的一种痛苦。这个小孩最后惊厥起来，可怜地抽搐着，并在床上打滚。这种情况每天要发生二三次。他因为年龄太小还不会表达自己，所以，最需要做的应该是了解他到底怎么了。于是，他父母决定约请一位著名的儿童神经疾病专家。当时，我也参加了。这个小孩看上去很健康，据他父母讲，在漫长的旅途中他一直很好。因此，他的病症很可能有着某种心理因素。当我看到这个小孩躺在床上忍受着病痛发作的痛苦时，我突然得到了一种启发。我拿了两个枕头，把它们平行铺开，它们的垂直边就形成了一个小床，像一张围着栏杆的婴儿床。然后，我把床单和毯子铺上去，没有说任何话，把这张临时凑成的婴儿床紧靠在小孩所睡的大床边。这个小家伙看着它，停止了叫喊，*滚着滚着*，滚到这张大床的边沿，然后滚入婴儿床睡在里面，并说：“乌拉，乌拉，乌拉！”（*Ulla, ulla, ulla*！）[①]很快他就睡着了。他的病症后来再也没有发生过。这个小孩采用他自己的方法来表达对一种令人讨厌的无序的抗议，不满成人把他抱离自己的床而放到一张没有围栏的大床上。

很明显，睡在大床上的这个小孩失去了从婴儿床的围栏中所感觉到的 70
那种支撑感。这种感觉的丧失，导致了他的内部定向的混乱，而这种混乱就是内在冲突产生的原因，引起了那么多医生的关注。这说明了敏感期的

① 意大利人用“库拉”（culla）这个词来表示“摇篮”（cradle）。——原注

力量是如此之大。儿童具有强大的天赋的创造力。

儿童的秩序感和我们的秩序感是不同的。早已获得的丰富印象使我们对周围环境变得麻木不仁，但儿童的印象是贫乏的，正处在从周围环境中获得印象的过程之中。在儿童所做的一切中，他开始时一无所有；他只是感受到创造的劳动，并把我们作为他的劳动成果的继承人。但是，我们就像那个依靠艰苦劳动而积聚财富的人的儿子，对他的斗争和努力却一无所知。我们因为已拥有了一切和所取得的社会地位而变得冷淡和迟钝。这足以使我们运用儿童为我们而发展的理性、为我们而经受训练的意志以及为我们而发达的肌肉。我们找到自己在世界上的生活方式，那是因为儿童给予了我们能够这样做的能力。我们之所以能够使自己去感受这个世界，那是因为儿童为我们准备了这样的敏感性。我们之所以是富有的，那是因为我们是儿童的继承人，儿童为我们开始时一无所有的生活奠定了全部基础。从一无所有的第一步开始，儿童就做出了巨大的努力。儿童是为了接近生命之源而行动的，因为这是在创造的阶段所发生的。对于儿童的这种创造，
71 我们既不能使自己感受到，也不能使自己回忆起来。

智力的发展

儿童智力的发展向我们表明，并不像机械心理学所主张的那样，智力是慢慢地从外部发展起来的。但是，这些机械心理学家对纯理论的科学和教育仍然有着很大的实际影响，因而也影响到对儿童的关爱。根据他们的观点，外部物体的印象几乎是敲开我们的感官大门硬闯进来的。然后，这些印象定居在心灵里，通过逐渐地相互联合，建立有组织的秩序，并构成了智力。它预先假定儿童在心理上完全是被动的，任凭环境的摆布，并由此推论儿童是完全受成人控制的。另一个相似的观点是：儿童不仅在智力

上是被动的，而且正如过去的教育家通常所说的，像一只有待填塞和塑造的空的容器。

我们自己的经验肯定不会让我们忽视儿童的环境对他的智力发展的重要性。众所周知，我们的教育体系是那么注重儿童的环境，并使这种环境成为整个教育体系的中心。与以前的教育体系相比，我们更多和更系统地注重儿童的感觉活动。但是，在那种认为儿童仅仅是一个被动的人的旧观念和现实做法之间，存在着细微的差别。这种差别就在于儿童的内在敏感 72
性的存在。儿童具有一个时间较长的敏感期，几乎持续到五岁，使他具有一种真正惊人的能力从环境中吸收印象。儿童是一个积极的观察者，通过感官来吸收印象，但这并不意味着他像镜子一样接纳它们。一个真正的观察者是根据一种自身的内在冲动、感觉或特殊兴趣而行动的，因而使他有选择地吸收印象。美国心理学家詹姆士（William James）①曾阐述了这一思想。他说，从来没有一个人看到过一个物体的整个面貌，每个人只能看到物体的一部分，也就是说，他对物体的描述是由他自己的情感和兴趣来决定的。据此，同一物体会被不同的人用不同的方式描述。詹姆士在这方面提供了一个巧妙的例子。他说："如果你穿着一套使你很满意的新衣服的话，那你走在街上将会特别注意其他人身上所穿的同一式样的衣服，其危险竟然有可能使你丧命于车轮之下。"

现在，我们可能要问：使年幼儿童能在环境中对无数印象进行一种选择的兴趣是什么呢？不言而喻，不可能像詹姆士所举的例子那样，即儿童受到由外界因素产生的兴趣的影响，因为他此时还没有经验。儿童开始时是一无所有的，他是依靠自己的力量向前发展的。让我们直奔主题吧。这

① 詹姆士（1842—1910），美国心理学家，机能心理学创始人之一。主要著作有《心理学原理》等。——译者注

73 就是儿童的理性，敏感期就是围绕着它而内在工作的。这种理性必须被看作一种自然的和创造的能力，就像一个有生命的东西逐渐地发芽和生长，依靠从环境中所吸收的印象来获得具体的形式。

理性是无法阻挡的最初的力量和能量。各种印象立即被整理排列起来以服务于理性，儿童最初吸收的印象也是为理性服务的。我们甚至可以说，儿童对这种印象的吸收是如饥似渴的和贪得无厌的。正如我们所知道的，儿童会被光线、色彩和声音强烈地吸引住，并因此感到极为愉悦。但我们要强调指出，这个理性的过程是一种自发的运动，是一种内部的现象，尽管它刚刚才开始。很明显，年幼儿童这样的心理发展阶段值得我们关注并提供帮助。儿童从一无所有到生命开始，在人所拥有的自然天赋上发展了他的理性，即人的特有品质，甚至在他能够用自己的小脚丫支撑他身体向前行走之前，他已开始沿着这条道路前进了。

也许一个例子比一种解释能更清楚地阐明问题。为此，我想起一个特别有趣的诞生只有四个星期的婴儿面对父亲和叔叔这两个男人的例子。这个例子我在前面（英文本第54页）已经引用过了。

在另一种环境中，人们所关注的“成长”并没有这样的观念，即儿童从诞生起就有正在工作的心理过程，其结果是儿童不能得到很好的帮助。在我所引用的例子中，这个婴儿就没有得到这两个男人的很大帮助，但这种帮助会使这个婴儿走出最困难的一步，并做出努力以趋于意识的实现。

74 我还想从年龄更大一点的儿童的经历中引证一些例子。例如，一个七个月大的儿童正坐在地板上玩一只靠枕。靠枕套上饰有花和儿童的图案。这个小女孩兴致勃勃地用鼻子闻着图案上的花和用嘴吻着图案上的儿童。一位照管她的女仆没有受过专门的指导，以为她喜欢闻和吻所有的东西，于是她急匆匆地给她拿来各种各样的东西，并说：“闻这个！吻这个！”但结果是，儿童幼小的心灵被搞乱了。因为它正处于形成自己模式的过程中，通过识别图像把它们固定在记忆中，并由此高兴和平静地进行着一种内部建构的工作。这个小女孩试图进行获得一种内部秩序的神秘工作，却被一个成人的无知打乱了。

因此，当成人粗暴地打断年幼儿童的思维或企图分散他的注意力时，就有可能阻碍了这种内部工作。同样，如果他们作为一种游戏拉起儿童的小手和亲吻他，或试图让他睡着，而不注意他那正在工作的心理进程，那么，没有意识到这种神秘工作的成人就可能彻底毁灭儿童最初的心理模式，就像海水涌上沙滩并卷走了那个用沙堆成的城堡一样，因而在沙滩上堆沙雕的那些人必须再重新开始。由于这种无知，成人就有可能压抑儿童的基本欲望。重要的是，儿童应该能保留他所得到的清晰印象，因为只有使这些印象清晰并对它们进行区分之后，他才能形成自己的智力。

一位著名的儿童医生对一岁前儿童的人工喂养有着专门的研究，他进 75
行了一项很有趣的实验。他开设了一个很大的诊所，他的实验研究得出了这样的结论：甚至在儿童食物方面，也必须考虑个人因素。他发现，至少在儿童达到一定年龄之前，还没有一种代乳品能替代最适宜所有儿童的母乳，因为对一个孩子来说是好的东西，但对另一个孩子却可能是坏的东西。无论是从科学的观点来看，还是从美学的观点来看，他的诊所都是一个最好的范例。其结果是，他的方法对六个月以下的儿童健康产生了极好的效果，但六个月以上的儿童都开始生病了。这确实是一个谜，因为人工喂养在这个年龄要比早期喂养容易得多。一些不能给自己孩子喂母乳的可怜母亲去询问这位专家如何喂养孩子，他在这个诊所内为这些母亲开设了门诊处。结果，这些贫困父母的孩子没有像那些住在诊所里的孩子那样，他们在六个月后并没有表现出生病的症状。在一些实验之后，这位专家终于认识到，在这个现象的背后肯定存在着心理因素。随后他注意到，在这个诊所里的六个月以上的儿童由于缺乏心理的营养而产生烦躁。于是，他开始给儿童提供一些消遣的娱乐活动，不再让他们只是在诊所的平台上独自散步，而带他们到对幼儿来说是新奇的一些场所去散步，结果是他们恢复了健康。

大量实验已经确切地表明，不到一岁的儿童能对他们周围的环境获得
76 如此清晰的感知印象，以至于能从一些图片中认出这种环境。但除此之外，我们可以肯定的是，这些印象一旦被儿童获得，就不再引起他们的强烈兴趣了。

从诞生后的第二年开始，儿童不再被一些漂亮的物体和鲜艳的色彩所吸引。我们注意到，这种欣喜若狂正是那些敏感期的特征。与此同时，他们对我们不注意的小物体感兴趣了。可以说，他们对不显眼的东西或者至少是意识边缘的东西感兴趣了。

在一个十五个月大的小女孩身上，我第一次察觉到这种敏感性。我听到她在花园里捧腹大笑，这对这么一个小孩来讲是很不寻常的。她独自走出去，一个人坐在平台的砖头上，完全沉醉于一种活动之中。尽管附近一个种着天竺葵的美丽花坛在骄阳下显得十分艳丽，但这个小女孩并没有看它们，而是把眼睛盯在地上，那里显然没有什么可看的。我看到了儿童的一种奇特的兴趣，它是那么神秘。我轻轻地走近她，仔细地看着这些砖头，却没有看到什么特别的东西。但是，这个小女孩却用郑重其事的口气对我说："那里有一只小东西在动。"经过她的指点，我看到了一只实际上跟砖块颜色一样、小得几乎看不出的昆虫正在迅速地移动。原来，激起这个小女孩捧腹大笑的是一个小生物，它会动，甚至会跑。她在欢乐的叫嚷声中迸发出一种好奇心，叫嚷声远远高过她平常的声音。这种欢乐并不来自太阳，并不来自花朵，也不来自艳丽的色彩。

还有一次，一个差不多也是十五个月大的小女孩以一种相似的方式给
我留下了同样的印象。她的母亲收集了很多色彩艳丽的明信片让她玩。这 77
个小女孩对这些收藏品似乎很感兴趣，拿来给我看。她用孩子般语言对我说：“吧——吧！”意思是“小汽车”。于是，我知道她要我看汽车的图片。她有许多各种各样的漂亮图片，很明显，她母亲把这些东西收集起来是为了让她高兴，同时也可以对她进行教育。在这些明信片上，有长颈鹿、狮子、熊、猴子、鸟等各种动物的图画。在另一些明信片上，有儿童感兴趣的家禽——绵羊、猫、驴子、马和奶牛的图画。还有一些明信片则绘有各种景色和风景，上面画着房子、动物和人。然而，使人觉得奇怪的是，在她所收藏的众多明信片中并没有小汽车的图画。我对这个孩子说：“我没有看到汽车。”当时她看着我，挑出一张明信片并得意地说：“哎，在这里！”在这幅图画的中央，可以看到一只漂亮的猎狗，远处有一个猎人，肩上扛了一把枪，在一个角落里可以看到一座小屋和弯弯曲曲一条线，可以肯定它算是一条路，在这条线上还可看到一个黑点。这个小女孩用手指着这个黑点说：“吧——吧！”虽然这个黑点很小以至于几乎看不到，但我可以看出这个小黑点确实表示一辆小汽车。一辆小汽车按如此小的比例画出来，以至于人们很难发现它，但这却引起了这个小女孩的兴趣，使她觉得有必要指给我看。

我想，这个小女孩的注意力也许还没有被其他明信片上那些漂亮和有
教育意义的图画所吸引。于是，我挑出一张画有长颈鹿的明信片，开始对 78
她解释说：“看，这么长的头颈。”这个小女孩面无表情地回答：“长颈鹿。”这时，我没有勇气继续讲下去了。

可以这样说，在儿童两岁时有一个时期，他的天性会引导智力逐渐通过一些连续的阶段，直到他完全理解他周围环境中的东西。

我还将提供一些来自我亲身经历的例子。我曾经想给一个约二十个月

大的小男孩看一本写给成人看的装帧漂亮的书。这是一本由多雷（Gustave Dore）[1]画插图的《新约全书》（*The Gospels*）。在该书所复制的名画中，有一幅是拉斐尔（Raphael）[2]画的《主显圣容》（*Transfiguration*）。我让这个小家伙看了这幅画，其中有耶稣召唤小孩到他身边去的画面，然后开始解释说：

“这个孩子在耶稣的怀里。你看，其他孩子把头靠着耶稣。所有的孩子都仰视着耶稣，他爱他们……”

这个小男孩的脸上没有表示出丝毫的兴趣。我假装没有看到，只是翻着书，开始寻找另一幅画。突然，这个小男孩说：“睡觉。”

我对这个小男孩的话困惑不解，问道：“谁在睡觉？”

这个小男孩高声地回答：“耶稣，耶稣在睡觉。”他示意我把书翻回去。这样，我再一次看了这幅画，它画的是基督耶稣站在高处，正俯视着儿童。他的眼睑下垂，就像一个人正在睡觉。这个小男孩的注意力是被这个细节
79 吸引住了，而没有一个成人会注意这个细节。

我继续解释这些图画，又停留在一幅画有基督耶稣显现圣容的画上。我说：“看，耶稣升天了，人们是那样的惊恐万状。看，这个小男孩在转动着眼睛，这个妇女伸出了双臂。”我认识到，我没有选到一幅合适的画，我的解释不可能真正对儿童有吸引力。但是，使我感到有趣的是，发现了儿童和成人对这样一幅复杂的画所产生的反应是不同的。这个小男孩只是轻轻地咕哝了一声，似乎在说：“嗯，继续往下翻。”但是，他的小脸上没有表示出任何的兴趣。我又开始往下翻，看到这个小男孩抓起了戴在脖子上的像兔子一样的小饰物，然后说了声：“小兔子！”我想：“他被这个小饰

---

① 多雷（1832—1883），19世纪后期法国插图画家。出版过80多种插图书。其中，最爱精致的版本有《拉伯雷作品》《圣经》以及但丁的《地狱篇》等。——译者注

② 拉斐尔（1483—1520），意大利文艺复兴时期画家、建筑师。——译者注

物吸引住了。”但突然，他又示意我把书翻回那一页。我照他所说的把书翻回那一页，发现在《主显圣容》这幅画的一侧确实有一只小兔子。但有谁会注意到这一点呢？

成人总是以为，儿童仅仅对艳丽的东西、明亮的色彩和震耳的响声等
产生敏感。确实，这样强烈的刺激物能引起他们的注意。我们都注意到，
儿童会被歌声、钟鸣、飘扬的旗帜或耀眼的灯光所吸引。但是，这些强烈
的吸引物是外在的和瞬间的，它虽然能引起儿童的注意，但却得益甚少。
我们也可以把它与我们的反应进行一下比较。例如，我们正埋头阅读一本 80
有趣的书，突然听到管乐队沿街奏乐的响声，我们就会站起来走到窗前看
看发生了什么事情。如果我们看到某个正在安静地阅读的人这样做，我们
很少会推断说，成人特别容易被响亮的奏乐声所吸引。然而，我们却会对
儿童下这样的结论。一种强烈的外在刺激可以引起儿童的注意，这个事实
仅仅是一种偶然现象。它与儿童心理活动的内在发展没有关系。儿童全神
贯注地凝视着那些我们毫不注意的小东西，从这一现象中我们可以看到儿
童存在心理活动的证据。但是，被小东西吸引并全神贯注地看着它的儿童
之所以这样做，并不是因为这些小东西给他留下了感觉印象，而是作为一
种“爱的智慧”的表示。

对成人来说，儿童的心灵实际上是一个深奥难解的谜。这个谜之所以使成人感到困惑不解，是因为他们仅仅是根据它的外在表现而不是根据它的内在的心理能量来做出判断的。我们必须考虑到，在儿童活动的背后隐藏着一个可以破解的原因。没有某个原因，没有某种动机，就不会存在某种现象。我们很容易会做出这样的判断：儿童所有令人费解的反应和所有的执拗行为，都是他自己一时的顽皮所造成的。然而，重要的是，顽皮反映的应该是一个必须解决的问题，一个必须解开的谜。要找到问题的答案，

这在一定程度上是困难的，但却是极为有趣的。成人要想找到这些谜底，就必须对儿童采取一种新的态度，改变自己原先的傲慢态度。他必须把自
81 己视为一个学习者，而不是一个盲目的支配者或专制的评判者。在与儿童的关系上，成人以支配者或评判者身份自居的情况实在是太多了。

这里，我想起有一次与一群具有现代观念的女士进行的有关这个问题的讨论。讨论是在一间画室的角落里进行的。一个一岁半的小男孩在她们身旁独自安静地玩着。我们的谈话从理论转到更具体的事情，也讨论到为幼儿所写的一些书籍。

这时，这个小男孩的母亲说："我有一本书，书名是《小黑人萨姆博》（*Little Black Sambo*）。萨姆博是个黑人小男孩。在他生日那天，他从父母那里得到了许多礼物：一把伞、一条裤子、一双鞋子、一双长筒袜和一件艳丽的外套。他父母正在为他准备丰盛的饭菜，但此时萨姆博急不可待地要去炫耀他的新衣服，不打招呼就溜出了门。在外面，碰到一些老虎要吓唬他。为了安抚它们，萨姆博必须给每只老虎一样东西。他把伞给了一只老虎，把鞋子给了另一只老虎，等等。直到最后，可怜的萨姆博光着身子并流着泪回家了，但是，这个故事的整个结尾是愉快的，因为他父母原谅了他，在他面前摆上了丰盛的饭菜，正如你们在这本书的最后一幅画上所看到的。"

这位母亲把这本书传给其他人看。这时，这个小男孩突然说："不，lola。"当时，所有的人都很惊讶，心想这也许就是一个童年之谜。这个儿童说话了。实际上，这个小男孩不断地大声重复说那句使人难以理解的话："不，lola。"

这时，他母亲说："Lola（洛拉）是曾经照管过他几天的一位保姆的名字。"
82 但是，这个小男孩却开始尖叫起来，大声说着"lola"，仿佛在任性地发脾气。最后，有一个人把《小黑人萨姆博》这本书给他，他指着这本书的最后一幅画。

这幅画并不是在这本书的正文中，而是在封底上的，画着那个可怜的小黑人正在哭。这时，我们才理解他所说的“lola”的含义。他把西班牙语“llora”发成了“lola”，意思是“他在哭”。

事实是这样的：这本书的结尾并没有描写一个愉快的场面，而在封底的那幅图画上画着小黑人萨姆博正在哭。这个小男孩显然是对的，但没有一个人注意到这一点。因此，当这个小男孩听到他母亲说“这个故事的整个结尾是愉快的”时，他所提出的抗议是合乎逻辑的。他清楚地记得，这本书的最后是萨姆博正在哭。很明显，这个小男孩看这本书比他母亲看得更仔细，在决定封底的画是最后一幅画时他是正确的和独特的。虽然他不能清楚地说一句简单的话，甚至不能完全理解大人们的冗长谈话，但这个事实确实是令人惊讶的。

很清楚，儿童的个性和成人的个性是截然不同的。这种不同并不是由最小值渐渐增加到最大值的差异。

一个在现实生活中注意事物最小细节的儿童，肯定会带着一定程度的轻蔑看待我们成人，因为懂得心理综合的成人并不知道自己如何去看待事物。儿童必然会认为我们成人多少有点无能。也许，在儿童的眼中，我们成人的感觉不仅很不精确，而且忽视那些在儿童看来是有趣的事情，因而就认为我们成人是麻木的或迟钝的。如果儿童能够表达自己的观点，他肯定会告诉我们成人，他的内心不信任我们成人，就如我们成人不信任他一样， 83
这是因为成人和儿童各自关注事物的方式和视野是不同的。这就是成人和儿童之间不能相互理解的原因。

第四章　成人对儿童的阻碍

睡眠的问题

84 当儿童成长发展到自己能够独立做事的阶段时，儿童与成人之间的冲突也就开始了。

最初，没有一个人能够完全阻止儿童去看和去听，或者说，阻止他用感知的方式去征服他的世界。认识到儿童具有强烈的心理活动的成人，准备使儿童的环境更加合理，以便促进他的心灵安静地在工作中进行吸收的过程。

但是，当儿童发展到独立行动、行走和触摸东西的阶段时，那就完全是另一回事了。即使一个成人非常爱儿童，但在他的内心仍然会对儿童产生一种不可抗拒的防御本能。这是一个非理性的人的潜意识的恐惧感，并与一种所有权意识结合起来，总是担心一些东西可能被弄脏或被打碎。

这种复杂的和焦急的防御心态与对儿童的爱发生了冲突。成人认为儿童的存在给了他最大的欢乐，他自己也准备为儿童牺牲一切，用一切来满足儿童。现在，这两种心理状态，即成人的心理状态和儿童的心理状态，
85 是如此的不同。如果这两种心理状态不做一些必要的调整，那要使儿童和成人生活在一起几乎是不可能的。这里存在着一个严重问题，那就是在家庭中如何对待儿童的问题。

我们不难看到，现实生活中的这些调整是完全不利于儿童的，因为儿童处于弱势的社会地位。在成人的支配下，儿童那些与成人环境不相协调

的行为将不可避免地被制止，但成人并没有意识到自己的一种防御心态，却反而认为自己对儿童怀着无私的关爱和奉献的精神。奥地利心理分析学家弗洛伊德指出，伪装正是源于这样的冲突。成人的这种潜意识防御心态会以一种伪装的方式有意识地表现出来。成人保护东西的焦虑感被“有责任培养儿童的良好习惯”的借口掩饰起来了，这种焦虑感使成人小心翼翼地保护自己所拥有的任何东西。成人担心他的安宁被打扰，然而，这种担心在“为了维护儿童的身体健康，要让儿童多休息”的幌子下被掩盖了。

一个缺乏文化教养的妇女可能会对孩子大声喊叫和随意打骂，并把他从家里赶到街上以让孩子不打扰她。但过后，她又会亲昵地抚摸孩子和亲热地吻孩子，以表明她是多么体贴和关爱孩子。

社会上层家庭所固有的形式使母亲们只接受某些态度，例如，关爱、献身、责任感和行为的自我控制等，这样的反应肯定是掩饰的手段。不过，社会上层的母亲与社会低下阶层的母亲相比，她们更乐意摆脱孩子对自己的纠缠。她们把自己的孩子托付给保姆，让她带孩子外出活动或哄孩子长 86
时间睡眠。

这些社会上层家庭的母亲对她们所雇佣的保姆显得耐心、仁慈，甚至谦恭。即使她们不讲什么，这些保姆实际上也懂得，只要使讨厌的孩子离他父母远一点，离家里的东西远一点，主人就会宽容和忍耐一切。

所以，当儿童那不能自主活动的身体刚刚获得解放，并为能够使用那些神奇的活动工具和利用那些自主运动的器官来体现自我而欣喜时，他却遇到了一群巨人阻止他进入这个世界。儿童所处的情境使我们想起一个古代民族的迁移，他们试图从奴役下获得自由，正在迁徙到荒凉和陌生的地方，就像在摩西（Moses）[1]带领下的犹太人。当犹太人最后在荒无人烟的沙漠里居住下来，终于找到可以宁静地生活的一块肥沃绿洲时，他们遇到的不是友好而是战争。

保护自己的财产而使其免遭侵犯，这是人类的自然法则。这个法则本身表明,在那些处于冲突的民族中,这种倾向可能变得更为清晰和更为强烈。这种本能性的自我保护的根源，深深地隐藏在人类心灵的潜意识中。对这种令人痛苦的现象最早可感知的和最细微的表现，就是成人注意保护自己的安宁和财产，免遭新一代人的侵犯。尽管成人做出了努力，但对新一代人的侵犯并没有被制止。新一代人拼命地进行战斗，因为他们是为自己的生存而战斗。

87 这样的一种冲突是在儿童的天真无邪和父母的关爱之间发生的，它是潜意识的和在伪装状态下进行的。

成人往往会很心安理得地说："儿童不应该到处乱跑，不应该触碰我们的东西，不应该大声说话或喧嚷。他应该多躺一会儿，应该吃和睡。"成人还认为，对儿童来说，"最好"是到户外去，哪怕与一些不相识的人在一起也无妨。成人也会因为惰性而为他们自己选择一条最轻松的道路，那就是让儿童去睡觉。

谁会否认儿童需要睡觉呢？但是，如果一个儿童是那么活跃和善于观察，那他基本上就不是一个需要过多睡眠的人。无疑，儿童需要而且也应该得到正常的睡眠时间，但是，我们必须区分什么是适宜的睡眠，什么是人为强迫的睡眠。我们知道，一个强者可以通过暗示把自己的意志强加于弱者。所以，一个迫使儿童睡眠时间超过他自己需求的成人，就是在通过

① 摩西，圣经故事中犹太人的古代领袖。据《圣经·出埃及记》记载，摩西带领在埃及为奴的犹太人迁移到迦南（今巴勒斯坦）。——译者注

暗示的力量潜意识地强迫儿童去睡觉。

一些没有受过教育的母亲会公开地要求他们的孩子去睡觉。乡下农民知道怎样准备一种枕头使孩子睡眠的时间长一点。但我们可以说，一些成人，无论他们是博学的或无知的父母，还是专门照管婴儿的保姆，一般都同意要督促这个充满生气和活力的儿童去睡觉，大自然到时会唤醒他们。在那些富裕家庭里，几个月大的婴儿，或两岁、三岁、四岁的儿童，都被迫去睡觉，其时间超过了他们的正常需要。然而，在一些贫困家庭里，情况并 88
非如此。这种家庭的孩子整天满街奔跑，因而不会让他们的母亲感到讨厌，也就不会哄他们去睡觉。一个众所周知的事实是：与社会上层家庭的孩子相比，普通家庭的孩子**不那么紧张**。人们坚持认为，就像饮食和呼吸新鲜空气一样，“长时间的睡眠”对儿童的健康来说是必要的。他们唯一关心的是我们可以称之为的“儿童的植物性生活”。我记得，有一个七岁小男孩向我吐露，他从来没有看见过星星，因为他父母总是在夜色降临之前让他去睡觉。他对我说：“我很想在某个晚上到山顶上去，躺在地上看星星。”许多父母夸耀他们的孩子习惯于晚上很早就去睡觉，其实这是为了他们自己晚上可以自由地外出。

为儿童准备的那些床是专门做的和可以移动的。儿童床不像摇篮，是柔软和美丽的并装有围栏的；也不像成人的大床，仅仅是使睡眠可以更加舒适。儿童的小床是专门为他准备的一个监禁场所，根本没有考虑他是一个有心理活动的人。儿童在小床上睡眠，就像一个被监禁的人；尽管他并不喜欢进入这个低矮的铁笼子，但铁笼子立即成为被监禁的一种现实和一种象征。儿童在文明社会中是一个失去自由的人，这是由成人所造成的，也是为了成人的利益。因此，儿童所受到的限制越来越多，他的自由空间也就越来越少。在儿童的周围，只有监禁和冷落。

89 儿童的小床就像一只放在高处的笼子，这样成人在照管他时就不必俯身弯腰，在离开时也不必怕他跌下来，儿童可能会哭喊起来，但床不会使孩子受到伤害；而且，儿童的房间是用窗帘遮住的，光线照不进来，甚至第二天的阳光也不会唤醒他。儿童必须在傍晚时就去睡觉，以便给他父母自由；他在早晨时必须醒得迟一点，以免打扰晚睡的父母。

能够对儿童心理发展给予帮助的方法之一，就是给他一张适合他需要的床以及不让他养成睡眠时间过长的习惯。儿童应该具有这样的权利：他疲倦时就去睡觉，当他睡够时就醒过来，当他想要起床时就爬起来。所以，我们建议，像许多家庭所做的那样，废除儿童床，而给儿童一张很矮的床，实际上它是放置在地板上的矮床，这样儿童就可以随他所愿在那里睡觉或起床。这种简单的小改进将克服许多看起来似乎很难解决的困难。一张几乎贴在地板上的小床是很经济的，就像所有的改革一样，它将有助于儿童的心理活动。因为儿童需要的是他周围的一些简单的东西，而复杂的东西往往阻碍他的内部发展而不是促进他的内部发展。在许多家庭里，已经完成了这样的改革，通过把一张小床垫放在地板上，并覆盖一条柔软的大毯子，因而改变了儿童的睡眠习惯。这样，一到晚上，儿童在高兴地与成人道晚
90 安后就可以自个儿去睡觉，早晨起床也不会闹醒任何人。诸如此类的许多例子表明，成人竭力想照顾好儿童，但实际上却违背了儿童的需要，潜意识地让能够轻易克服掉的防御本能起了作用，这是在安排儿童生活时多么大的一个错误啊！

所有这一切表明，成人应该尽可能了解儿童的需要，尽可能给儿童提供一个适宜的环境，以使他们的需要得到满足。这也许是一个教育的新纪元的开始，人们将考虑如何**给儿童的生活带来帮助**。我们必须消除把儿童看作一个物品的观念，即当他幼小时把他当作一件东西提起来并拎东拎西；

当他长大一些后他必须完全听从成人和仿效成人。对于任何要使儿童的生活更加理性的努力来说，这种观念是一个难以克服的障碍。成人必须认识到，在儿童的发展中，他们只能起一个次要的作用。成人必须努力去理解儿童，在儿童的生命发展中给予支持和帮助。这应该是母亲的目的，也应该是教师的目的。因为儿童比成人弱势，所以，如果儿童的个性发展要得到帮助，那成人自己的强势个性必须得到控制，服从儿童给他的引导，并以能够理解和追随儿童为自豪。

行走的欣喜

在对未成熟儿童的关爱中，满足儿童的需要，使他自己适应儿童的需要，并改变他自己的行为方式，这应该是成人的任务。

高等动物本能地做相似的一些事情，使它们自己适应于幼仔的需要。 91
最为有趣的是，当一头小象被母象带入成年象群时，这些体形硕大的成年象就把自己的步伐减慢到与小象的步伐一致，当小象因走累了而停下来时，它们也都会停下来。

在每一个文明国家中，我们都可以发现对儿童照顾的类似做法。有一天，我看到一位日本父亲带着他年幼的儿子在散步。我跟在他们后面，突然发现这个大约一岁半的小孩用手臂抱住他父亲的腿。这位父亲一直站在那里不动，让这个小孩围着他的腿转，并把这作为儿童的游戏。当小孩做完游戏后，他们又开始了缓慢的散步。隔了一会儿，这个小孩坐在路边，这时他父亲仍然站在他身边。这位父亲的脸部表情是严肃的，但又是自然的。他没有做任何不寻常的事情，仅仅是作为一位父亲带着儿子在散步。

儿童应该外出散步，因为这种散步适宜于正在学习如何协调各种动作的儿童，可以使他练习行走的基本动作，并获得平衡感。我们必须认识到，仅仅依靠双脚直立行走有着巨大的困难，但只有人类才能这样做。

虽然人像其他哺乳动物一样有肢体，但他必须用两肢而不是用四肢行
92 走。猴子甚至有长长的手臂,可以成为它们在地上行走时的辅助物。实际上，人是唯一完全依靠两个下肢作为支撑而平衡地行走的动物。四足动物行走时，它们抬起对角的两条腿而让另外两条腿着地，并交替轮换着，它们的身体总有两个支撑点；但是，人走路时，他先用一只脚支撑自己，然后换另一只脚支撑。大自然实际上已经解决了这个行走运动的难题，但采用了两种不同的方式。动物通过本能学会行走，而人是通过个人的主观努力学会行走的。

儿童行走能力的发展是通过走路获得的，并不是仅仅等待这种能力的产生。父母欣喜地看到自己的孩子迈出的第一步，这一步实际上是对自然的一种征服，标志着儿童从一岁进入两岁。对儿童来说，学会行走是他的第二次诞生，他从一个不能自助的人变成一个能行动的人。从心理学观点来看，这种功能的出现是儿童正常发展的主要标志之一。但是，在迈出第一步之后，儿童仍然需要经常实践，因此，取得平衡和稳健的步伐是个人持续努力的结果。我们知道，当儿童开始行走的时候，他受到一种不可压抑的冲动的驱使。他是勇敢无畏的,甚至是有点莽撞的,就像一个士兵一样，不管遇到什么困难，他都会冒着危险向前冲。正因为这个原因，促使成人采用防护设施把儿童围起来，这样的做法其实是给他们设置了许多障碍物。即使儿童的下肢已经强有力了，成人仍然把儿童关在游戏围栏里练习行走或在外出时把儿童放在手推童车里。

这种情况之所以发生，其原因是儿童的步伐比成人的步伐小很多，没
93 有耐力走长路。成人并不会减慢自己的步伐。即使这个成人是一位保姆，也就是专门照顾儿童的人，但也是儿童必须使自己去适应保姆的步速，而

不是保姆去适应儿童的步速。保姆会按照自己的步速走到室外活动的地方，她推着载小孩的手推车，似乎推的就是去市场买蔬菜水果的小推车。只是当她到了一个美丽的公园时，她才让小孩离开手推车。她坐下之后，允许儿童在草坪上走动，但她两眼始终注视着他。所有这一切仅仅是考虑儿童的身体，即他的“植物性身体”，必须避免任何可能发生的危险，而在这个过程中根本没有考虑儿童的心理活动发展的基本需要。

一岁半到两岁儿童实际上可以行走近一英里路，以及能够完成爬斜坡和楼梯等有一定难度的动作。但是，与我们成人相比，儿童的行走有着截然不同的目的。成人的行走是要到达一个外在的目标，他直接就走到那里。此外，成人有自己的步速，但这种步速几乎是机械地带着自己的身体前行。儿童的行走是为了完善自己的行走功能，他的目的就是为了发展他自己。他的步伐缓慢，这是一种既没有节奏也没有目的的步伐。他的行走是被他直接看到的周围物体所激发的。如果成人要帮助儿童的话，那他必须放弃自己的步速和目的。

在意大利的那不勒斯，我认识一对年轻夫妇，他们最年幼的孩子一岁半。在夏季到海边去时，他们要沿着一条陡峭的路差不多行走一英里的下坡山路，任何运输工具几乎都是无法通行的。年轻的父母希望带孩子一起去,但他们发现把孩子抱在怀里太累人了。后来,孩子自己解决了这个难题， 94
他能走完整个路程。他有时停下来看看花，有时坐在草坪上，有时站一会儿看看动物。有一次，他呆呆地站了差不多15分钟，凝视着一头正在吃草的驴子。所以，这个儿童每天可以不知疲劳地往返这条漫长而艰难的道路。

在西班牙，我认识两个年龄两岁到三岁的儿童，他们能够行走一英里多的路。还有其他的儿童，他们能够花一个多小时在又窄又陡的梯子上爬上爬下。

说到爬楼梯，我想起有些母亲对自己孩子“不听话”的表现感到忧虑。有一位母亲曾经就她的小女孩发脾气的事情问我。这个小女孩刚刚学会行走，但她只要一看到楼梯就尖叫起来，当有人抱她上楼梯或下楼梯，她就几乎激动得发怒。她母亲认为，自己很可能误解了孩子激动的原因。这个小女孩只要被抱着上下楼梯就变得眼泪汪汪和异常激动，看起来是没有任何原因的。她母亲认为，这可能仅仅是一种巧合。但是，很显然，这个小女孩想自己上下楼梯。楼梯的台阶似乎是对她最有吸引力的地方，她可以把手搁在台阶上，或坐在台阶上。而在田野上行走时，她的双脚被草遮没，她的手也找不到搁的地方。然而，允许她行走的唯一场所就是这些地方，而且还要成人牵住她的手或把她放在手推童车里。

95 我们不难看到，儿童喜欢行走和奔跑，露天滑梯上总是挤满着儿童，他们爬上滑下，坐下站起。普通家庭的孩子在街上奔跑，毫不费力就能避开危险，奔来奔去，甚至能贴着那些正在行驶的汽车。这表明，他们的发展可能性远远高于社会上层家庭的孩子，他们不会因为羞怯而变得迟钝，以致最终变得懒散起来。但是，在他们的发展方面，这两种儿童都没有得到帮助。普通家庭的孩子被抛弃在适于成人生活的和危险的环境之中；而社会上层家庭的孩子则在管教下被禁锢在一些保护性障碍之中，以使他远离这种危险的环境。

儿童正处于为成为一个成人而努力奋斗的过程之中，就如先知弥赛亚（Messiah）[1]所说的：他无处安身或走动。

① 弥赛亚，犹太人期望中的复国救主。——译者注

手与脑

使人们感到有趣的是，生理学认为儿童正常发展的两个重要标志都涉及运动。它们就是行走的开始和说话的开始。所以，科学把这两种运动功能看作一种星占图，从中可以看到人的未来。因为这两种复杂的运动实际上表明，正在形成的人在获得运动和表达的手段上已经赢得了第一个胜利。现在，语言是人的专门特征，因为它表达思想；而行走是人和其他动物所 96
共有的一个行为。与植物不同，动物自己能够到处跑动。当这种运动是通过一些专门器官而产生时，行走就成为一种基本的特征。然而，在人身上，即使人的空间运动力量如此之大，以至于可以使人绕行整个地球，但行走本身并不是一个有智慧的人特有的运动。

相反，与人的心理相关的真正的"运动特征"是手的运动，它为人的产生思想的心理服务。我们知道，从人类最早用作工具的经过削凿和磨光的石块中可以推断出，在史前期的某些地方已经有最早的人的存在。这种运用工具的特征标志着，有生命的机体在生物发展史上进入了一个新的阶段。当通过手的劳动把一些事情雕刻在石块上时，在空气中消散的一种声音，即言语本身，已成为人类历史的记录。就人而言，人的身体形态和行走的实现是以手的自由为特征的，人能自由地运用他的手。他的手被赋予了其他的功能，而不仅仅是运动的功能。正因为这种功能，人的手成为表达心理的器官。因此，手不仅使人在生物进化中占有一个新的地位，而且还显示出人是运动功能和心理功能的结合体。

手的结构是那么精巧和复杂，不仅能使人的心理展现出来，而且能使人与他的环境建立特殊的关系。我们可以说，人是通过手来占有他的环境的，并在他的思想指导下去改变他的环境，进而去完成他在世上的那个重要阶段的使命。

97　所以，如果我们想评价儿童的心理发展，那么合乎逻辑的做法就是：我们应该根据儿童两种活动形式的最初呈现，即语言的出现和手的活动（对工作的渴望）的出现来作出判断。我们可以把语言的出现和手的活动的出现称为“心理－感悟运动”（mind-inspired movement）的两种形式。

通过潜意识的本能，人早已认识到心理的这两种外部表现，即语言和手的重要性，并把它们结合起来，把它们看作人类的专门特征，但这仅仅是与成人的社会生活相关的某些象征形式。例如，当一个男人和一个女人结婚时，他们就携手“盟誓”（say the word）。当一个男人订婚时，他“做出许诺”；在问一个女人是否愿意嫁给他时，他“拉住她的手”。在宣誓时，他举手宣读誓言。手还运用在宗教仪式中，这时手强烈地表达了自我。彼拉多（Pontius Pilate）[①] 为了推卸他对耶稣之死所负的责任，在公众面前既是真的又是象征性地洗了他的双手。在开始进行弥撒的一些最严肃的程序之前，祭坛上的神父总是说：“我将在无罪的臣民中洗手。”然后在一个小盆里洗手，虽然他在上祭台之前早已把手洗干净了。

所有这一切都表明，人如何潜意识地把手当作内在“自我”的一种表现。我们能不能想出比在儿童中这种基本的人体运动的发展更令人惊叹和更神圣的事情？应该说，没有什么事情能够激起我们更加真诚地期待儿童
98　第一次朝着外界物体伸出他的小手的举动，那代表了他的自我要进入这个世界的努力，看到这种举动的成人应该充满好奇和尊敬。但情况恰恰相反，成人害怕儿童那双小手伸出去拿取一些本身实际上毫无价值和无关重要的东西，他千方百计想把这些东西藏起来而不让儿童拿到。他总是说：“不要

① 彼拉多（？一约36），罗马帝国驻犹太的总督。据《新约全书》记载，他曾经主持对基督耶稣的审判。——译者注

碰！”正如他不断地重复说:“坐着别动！静下来！”在这种潜意识的阴影中，深深地潜藏着成人的一种焦虑，并筑起了一道防线，还请求其他人的帮助，似乎他们必须跟一种正在侵犯他们的财产和利益的力量作秘密的斗争。

所有人都认识到，如果婴儿已经能看和能听，那么，在他的环境中必须有一些他能看到的物体和能听到的声音，以形成他最初的心理结构。当儿童在进行一种建造性活动中运用他的手的时候，他需要有一些能够拿到的外部物体,即这些物体在他的环境中存在,以给他提供必要的“活动动机”。但是，这种需要在儿童的家庭里被忽视了。儿童周围的东西都属于成人所有，并为成人所用。对儿童来说，这些东西是禁忌之物。“不许碰！”就是对幼儿发展这个极其重要的问题的唯一回答。如果儿童触碰了一些被禁止触碰的东西,他就要受到体罚或责骂。如果一个儿童成功地抓到了某个东西,
他就好比发现了一块骨头并躲到角落里去啃的饥饿的小狗，试图从并不能 99
给他营养的东西中去寻求营养，还害怕有人会把它抢走。

儿童的运动不能归于一种偶然性。他正在他的自我引导下，对有组织的运动建立起必要的协调。依靠连续不断的协调经验，他的自我把他的内在精神与他的表达器官组合并协调起来。所以，重要的是，儿童能够自发地行动，会选择和完成他的一些行动。这样的塑造自我的运动具有一个专门的特征，即它不是单纯偶然的或随机冲动的结果。儿童并不是无目的地奔跑、跳跃和拿取东西，从而使房间里混乱无序。他的建设性活动是从其他人的活动中获得启示的。他努力模仿成人使用或操纵物体的方式，总是试图像成人一样去做。所以，儿童的这些活动与他的家庭和社会环境有着直接的联系。他想要去扫地、洗盘子或洗衣服、倒水、洗澡、梳头、穿衣服等。儿童的这种普遍情况被称为“模仿”，即儿童做他看到其他人所做的事情。但是，这种表述并不确切，例如，儿童的模仿行为不同于猴子的模

仿行为，后者是即刻反应的行为。儿童的建设性活动起因于一种心理结构，建立在理解的基础之上。认识总是先于与它有关的活动，儿童的心理活动肯定支配着他的一些运动。当儿童想做某件事情时，他事先已经知道它是什么；他看到其他人在做某件事情时，他就渴望自己去做。在儿童的语言
100 发展中，我们可以看到相同的情况。儿童获得的语言就是他从周围听到的。当儿童说一个词时，是因为他通过听学会了这个词，还记住了这个词。他是根据某个时候的需要来运用词语的。在一个词语的认识和运用上，儿童在某种意义上并不是像鹦鹉一样的模仿。他的模仿很多不是即时的，不仅模仿所观察到的和被储存的东西，而且还运用已获得的知识。儿童在语言上的模仿是一种性质截然不同的行为。这种区别是非常重要的，因为一方面它表现了儿童和成人之间的关系，另一方面它使我们对儿童的活动有了一个更深入的理解。

有目的的活动

在儿童能够像成人那样明确地以一种合乎逻辑的方式行动之前，他已经开始为自己的目的而行动，他所使用物体的目的常常让成人感到是不可理解的。这种情况常常发生在一岁半至三岁儿童身上。例如，我曾经看到一个一岁半儿童，他发现了一叠刚刚烫平的餐巾整齐地堆在一起。这个小家伙拿起其中一块餐巾，很小心地捧着它，他还把一只手放在餐巾上面，
101 使折叠整齐的餐巾不至于散开，然后穿过房间走到斜对面的角落，把餐巾放在那里的地板上说:“一块。”接着,他像来的时候那样又返回去。这表明，他受到了某种专门的敏感性的指导。他穿过房间后，用同样的方式拿起第二块餐巾，小心翼翼地捧着它，并沿着同样的路线走，把它放在第一块餐巾上，又重复说：“一块。”他不断地重复着这项工作，直到把所有的餐巾

都拿到斜对面的角落为止。后来，他把这个过程倒过来，把所有的餐巾一块一块又放回原先的地方。虽然这堆餐巾不像最初放置得那样完美，但仍然折叠得相当好，虽然堆放得有点倾斜，但实际上还是整齐的。对这个儿童来讲，幸运的是，在这个漫长的搬运过程中，房间里一个人没有。儿童不知多少次听到成人在他们背后大声叫喊：“停下！把它放下！”为了要儿童学会不触碰东西，他们的娇嫩小手不知挨了成人多少次打啊！

使儿童入迷的另一项“基本”工作就是取下瓶塞，然后再把它按上。尤其是当这种瓶塞是像香水瓶一样可反射七彩颜色的棱柱体玻璃瓶的瓶塞时，这种情况就更为突出。取下瓶塞和按上瓶塞的工作，似乎是他们喜欢的一项工作。儿童还喜欢的另一项工作是，把大的墨水瓶或盒子的盖子拿起来又盖下去，或者打开橱门和关上橱门。儿童和成人经常为了一些东西发生冲突，这完全是可以理解的，因为这些东西对儿童具有一种天然的吸引力，但由于它们是母亲梳妆台或父亲写字台上的东西，或者是起居间的一件家具，因此禁止儿童触碰它们。这种冲突的结果常常是儿童被认为“不听话”。但是，102
儿童实际上并不真正想要这样一个瓶子或墨水瓶。只要允许儿童使用某些东西进行同样的活动，**他对这些为他准备的活动**都会感到满足的。

诸如此类的活动是儿童的基本活动，它们没有逻辑的目的，可以被看作人作为工作者的最初阶段的活动。在这个准备时期，我们已经为年幼儿童设计了一些感官教具，例如，由大到小的一系列圆柱体，它们正好可以放入木板上大小不同的嵌孔中。由于这些感官教具能够满足儿童生活中某个时期的需要，因此，获得了巨大的成功。

让儿童自由行动的观念按理说是很容易领会的，但在成人心里存在着根深蒂固的障碍，因而使这个观念在实践中很难实现。一个成人，即使他想同意儿童的要求，让儿童自由触摸和搬运东西，也会发现他无法压抑自己内心的某种冲动，这种冲动将导致他去禁止儿童这样做。在纽约，一位赞同让儿童自由行动这个观念的年轻母亲，渴望把这个观念在她的两岁半儿子的身上实施。有一天，她看见儿子把装满水的一只水罐从卧室拿到客厅里去。她注意到，儿子处于高度紧张之中，在尽力缓步地穿过这个房间时不断地告诫自己："当心！当心！"这只水罐很重，母亲终于忍不住要去帮助孩子。于是，她从儿子手里拎起这只水罐，把它拿到儿子想拿去的地方。但是，这个小男孩很伤心，感到受了伤害。他母亲承认是自己造
103 成了儿子的痛苦，但又认为自己的行为是正确的。她说，虽然她认识到儿子正在做的事情是必要的，但她又觉得，让儿子自己做不仅会搞得精疲力竭，而且会浪费很多时间，这似乎是不恰当的，因为她立刻就可以完成这件事情。

当这位年轻母亲询问我的意见时，她对我说："我知道我做错了。"那时，她几乎就像一个病人在询问一位医生自己如何能够得到治疗。

我考虑了这个问题的另一个方面，不让儿童自己去做的想法源于成人要保护自己财产的本能，儿童被成人认为是有那种几乎是贪婪的感觉。我问她："你有诸如杯子一类的精致的和确实珍贵的瓷具吗？让你孩子拿那些轻巧的小杯子，看看会发生什么事情。"这位年轻母亲听从了我的建议。后来她告诉我，她儿子小心地每次拿一个杯子，每走一步都要停一停，直到最后完好地把所有杯子都拿到了目的地。在整个过程中，孩子母亲心里交织着两种心情：一种心情是为她儿子在工作而感到高兴；另一种心情是为那个杯子而担心。由于这两种心情是相互均衡的，因此，她能够使自己让儿子去做这个工作，这个工作是她儿子如此渴望要做的，这似乎对他的心理健康是极为必要的。

另一次，我把一块抹布给一个一岁半大的小女孩，她坐下来，用抹布

擦了许多闪闪发亮的东西时，这成了她快乐的一个源泉。但是，她母亲对我把抹布给她却似乎有点反对，认为如此年幼的儿童不需要按所谓的卫生习惯去做。

任何一个对儿童工作本能的重要性没有充分理解的成人，往往会对儿 104
童工作本能的第一次展现感到不可思议。成人意识到自己必须做出巨大的牺牲，这仿佛是他必须克制自己的个性和放弃自己的环境，是与他的日常社会生活不相容的。在成人的环境中，儿童肯定是一个置身于社会之外的人。但是，仍然像当今那样把儿童完全排除在这个环境之外，那就意味着压抑儿童的成长发展，就好像我们不许他学习说话一样。

解决这个冲突的方法是：我们要为儿童准备一个适宜的环境，使他可以更好地展现自己。当儿童说第一句话时，并不需要为他准备任何东西，因为他的牙牙学语在家人听来是一种欢乐的声音。但是，他的小手要求一种“活动的动机”，以便采取与自己的工作目的相适应的形式。于是，我们会看到，儿童在活动中所花费的努力超出我们所估计的儿童体力的可能性。我有一张照片，照片上的一个英国小女孩拿了一只大面包，面包如此之大以至于她双手无法承受，不得不把面包紧靠在自己身体上。她被迫挺着胸走路，因而看不到自己脚下的路。我们看到，在这张照片上，还有一只狗跟随着她，她也一直在这只狗的视线范围内。看上去她的狗非常焦虑，似乎随时要奔上去帮助她。照片的背景是几个成人都在注视着这个小女孩。他们必须做出很大的努力，克制自己不要冲过去帮助她拿面包。

有时候，年幼儿童在工作中展现的一种早熟的运动技能和精确性，会
使我们赞叹不已。如果成人专门为儿童准备一个环境，那么，他们将在这 105
个儿童世界中起着复杂的社会作用。我记得，一个两岁大的小男孩给我留下了很深的印象。这个小男孩为了接待其他年龄相仿的同伴，正在整理桌

子和打扫房间等。在做这些有意义的工作时，他一直在两支明亮的蜡烛光的照耀之下，他母亲也开始准备他的生日蛋糕。这样，他就把一些事情本身的意义混淆了，以至于他到处对人说：“我两岁了，我有两支蜡烛。”

成人如果不把手的活动理解为儿童的一种生命需要，不把手的活动看作儿童工作本能的第一次展现，那就可能成为儿童工作的障碍。这并不能总是归咎于成人的一种防御心态，可能还有其他的原因。其中一个原因是，成人注意的是自己行为的外在目的，并根据自己的想法来确定所采用的行为方式，这是他的心理结构的一部分。对成人来说，有一条自然法则，那就是“最大效益法则”。这引导他运用最直接的方法，在尽可能短的时间内达到自己的目的。当他看到一个儿童正在做出巨大努力做某些似乎没有成效的和幼稚的事情，而这些事情他自己一瞬间就可以做完而且做得更完美，这时他就感到痛苦，就想去帮助这个儿童。看到儿童对于琐碎的或毫无用处的东西特别有热情，成人觉得这是可笑的，甚至是不可理解的。如果一个儿童发现桌子上的台布铺斜了，他就想起台布通常应该怎样铺，他将尝试用他记得的方法把台布铺好。如果他被允许这样做的话，虽然他做得很慢，
106 但却包含着他的全部精力和热情。因为记忆是儿童心理的主要任务，对于这个发展阶段的儿童来说，按照他以前所看到的那样把一些东西整理好，那是一种令人高兴的胜利。但是，只有当成人不在场或没有注意他的时候，儿童才能够去做。

一个儿童想自己梳头，可是成人并没有为儿童这种可贵的想法感到欣喜，反而认为是对他的既定法则的一个冲击。他知道，儿童不可能很快地梳好头，也不可能很好地达到他的标准，而成人却能把儿童的头发梳得既快又好。因此，当这个儿童进行一种令人欣喜的建设性活动时，她看到成人走过来拿起梳子并说必须由成人来梳，她就觉得成人是一个强大的巨人，

与成人的争辩是毫无用处的。当成人看到儿童自己费劲地穿衣服或系鞋带时，也会发生同样的情况。儿童的每一次尝试都会受到阻止。成人变得恼怒起来，这不仅因为儿童正在试图去进行一种没有必要的活动，而且还因为儿童的不同节奏和不同的行动方式。

节奏并不是一种可以随意改变的旧观念，也不是一种能够被理解的新观念。每一个人在他的活动中都会有一种节奏，它是人的一种内在本能特征，几乎就像一个人的体形。当这种活动节奏跟其他的活动节奏相协调时，我们就会感到高兴；但当我们被迫使自己去适应其他人的活动节奏时，我
们就会感到痛苦。例如，当我们必须跟一个身体局部瘫痪的人一起行走时， 107
我们就会感到一种痛苦。当我们看到另一个身体局部瘫痪的人用颤抖的手缓慢地把杯子举到嘴唇时，他的缓慢动作与我们的自由行动之间的强烈反差也会使我们感到一种痛苦。但是，如果假定我们要帮助他，我们就会用我们自己的节奏来代替他的节奏，由此使我们从痛苦中解脱出来。

成人对儿童做事方式的态度，与此有点相似。成人会潜意识地阻止儿童进行那些缓慢的和看似笨拙的活动，就像他不得不驱赶使他烦扰的苍蝇一样。

然而，当儿童用一种敏捷而迅速的节奏进行活动时，成人倒能容忍了。他接受充满活力的儿童在他的环境中所造成的无序和混乱。这时，成人自己会“表现出极大的耐心”，因为他注意到一些事情是清晰的和可以理解的，成人总是能够控制他的有意识行为。但是，当儿童的动作缓慢时，成人就感到不得不进行干预，以自己的行动来代替儿童的行动。因此，在这样做的时候，成人并不是在儿童最基本的心理需要上帮助他，而是在儿童想由他自己做的所有活动上代替他。成人阻止儿童的自由行动，因而他自己成为儿童生命发展的最大阻碍。不要人帮他洗澡、穿衣服或梳头的那个“不

听话的”儿童绝望的哭喊，揭示了最早的人类斗争的戏剧性场面，即儿童想通过自己的努力以求得成长发展。

108 谁会想到，成人给儿童提供那些无用的帮助竟是儿童将经受的所有压抑中的第一个根源，因而也是成人对儿童所造成的最严重的伤害呢？

在日本人的心里，有着一种有关儿童痛苦的根深蒂固的观念。作为对死者祭礼风俗的一部分，他们会在儿童的墓前放置一些小石块或类似的东西，以此帮助儿童在冥界免受恶魔继续对他们进行折磨。当儿童在冥界建造一些东西时，恶魔将会撞倒它和毁坏它。但是，由于他父母的真诚关爱而提供的那些小石块，将能帮助他进行重建。这是潜意识解释来世的一个最令人印象深刻的例子。

成人的暗示

成人通过自己的行动来代替儿童的行动，不仅表现在行动方式上，而且可以微妙地把成人自己的意志强加于儿童，从而替代儿童的意志。当这种情况发生时，那已不是儿童在行动，而是成人在替代儿童行动。

法国医生夏尔科通过自己在精神病医院里所进行的著名的实验研究证明，通过暗示的方式可以实现癔病患者人格的替换，这引起了很大的轰动。他的实验似乎动摇了以前一个根深蒂固的基本观念，即人是他自己行为的

109 主人。夏尔科的实验可以证实，一种暗示使被试者失去自己的人格，而接受暗示者的人格。这些实验虽然数量很少，而且仅仅在诊所里进行，但它开辟了一个新的研究领域。这样的现象导致了对双重人格、潜意识和升华的心理状态的研究，最后趋于通过心理分析去探究潜意识领域。

当儿童在童年时期开始意识到自我时，他正处于一个意识形成和敏感性发展的过程之中，因此，他处于一种创造性的状态，特别容易受到暗示。

在这个时期，成人的人格能够悄悄地潜入儿童之中，用成人自己的意志来替代儿童的意志，使儿童按照成人的意志去行动。

我们注意到，在我们的学校里，如果我们过分热情或者用夸张的动作给儿童示范如何做某些事情的话，儿童根据他自己的人格进行判断和行动的能力就会受到压抑。一种行动与应该支配它的自我分离开来，而由另一个自我来替代，虽然这个新的自我更加强有力，但事实上它并不属于儿童。这个外来的自我几乎剥夺了儿童自己尚未成熟的人格。通常，成人并不愿意这样做。虽然成人能够通过暗示来支配儿童，但他并不希望或有意识这样做，甚至还没有认识到这个问题的存在。

在这个方面，我将提供一些例子。有一天，我看到一个大约两岁的儿
童把一双鞋子放在白色床单上。我没有多加思考就冲过去拎起鞋子，把它 110
们放在房间的角落里，并说：“鞋子是脏的。”然后，我又用手把床单上放过鞋子的地方掸了掸。在这件事情发生之后，这个小家伙无论何时只要看到鞋子，就会奔过去拎起它们说：“鞋子是脏的。”虽然鞋子并没有在床上放过，但他又会走到床边，把手按在床上似乎在掸一下。

还有一个例子。一位母亲收到一个包裹，她对这件礼物表示很高兴。她打开盒子后，发现里面有一块手帕，就立即把这块手帕给了她的小女孩；还有一只小喇叭，她就放到嘴上吹了起来。这个小女孩高兴地叫起来：“音乐！”隔了一段时间以后，这个小女孩只要一拿到一块手帕，就会兴奋地说：“音乐！”

成人的命令通过其主观意志特别容易对儿童的行动产生影响，但成人的意志在激起儿童的反应时并没有如此强烈的作用。这种情况主要发生在那些有教养的和能自我约束的成人尤其是那些文雅的保姆中间。有一次，我遇到一个很有趣的例子，一个大约四岁的小女孩独自与她外祖母住在她

自己家里。小女孩想打开花园里的人造喷泉水龙头，以便看到喷水，但正
111 当她要这样做的时候，突然把自己的手缩了回去。她外祖母想鼓励她去打开水龙头，但这个小女孩回答说：“不，保姆不许这样做。”于是，外祖母试图劝说她，对她说“我允许你这样做”，并指出这是在她自己家里。这个小女孩既高兴又满意地笑了起来，所有的一切表现出她渴望看到喷水，她伸出了手但没有开水龙头，最后又把手缩了回去。对那位并不在场的保姆的一个命令的服从感，比在这个小女孩身边的外祖母的劝说具有更大的约束力。

一个相似的例子是有关一个年龄稍大的儿童的，他是一个大约七岁的男孩。当他坐着观看远处吸引他的某个东西时，他站起来准备朝那个东西走去，但马上又退了回来并坐下来，他似乎由于无法克服意志的一种动摇而感到痛苦。谁是阻止他行动的“主人”呢？没有人知道，因为这在儿童的记忆中已荡然无存。

我们可以说，儿童对暗示的感受是他们的一种建构的心理功能的扩张，也就是一种独特的内在敏感性，可以称之为“对环境的爱”。儿童总是渴望去观察事物并被它们所吸引，但他首先被成人的行动所吸引，其目的是了解和模仿。在这个方面，成人现在负有一种使命，那就是激励儿童去行动，成为一本打开的书，儿童通过阅读这本书可以指导他自己的行动，学会如何正确地行动。但是，如果要实现这个使命的话，那成人就必须始终保持平静和缓慢地行动，而让注视着他的儿童能清楚地看到他的行动的所有细节。如果成人不是这样做，相反采用他惯常的急速和强有力的节奏，那他
112 就不是激励和教导儿童，而可能是把他自己的人格强加在儿童身上，并通过暗示使他自己替代了儿童。

即使是一些没有生命的物体，只要它们对感官是有吸引力的，就能对

儿童产生一种暗示力量，就像磁铁一样吸住各种各样的东西。一部记录美国心理学家莱文教授的有趣的心理实验的影片清楚地说明了这个问题。他的实验目的是，识别我们学校里心智缺陷儿童和正常儿童对同一物体的不同行为。他所选择的这两组儿童的年龄相仿，他们的环境也相同。

在这部影片中，我们看到，准备了一张长桌子，桌上放着许多不同的物品，包括我们设计的一些感官教具。第一组儿童走进教室，他们对面前的各种物品很感兴趣，立即就被吸引住了。他们充满活力并露出了微笑，对他们自己处于那么多不同的物品之中感到很高兴。每一个儿童拿起一件物品就开始工作了，然后他把这件物品放在一边，再拿起别的物品进行工作，如此重复，从一个工作转到另一个工作。这是一个场景。在影片的下半部中，我们看到，第二组儿童走进教室，他们慢慢地走着，停下来看看四周。他们很少拿取这些物品，而只是安静地站在物品的旁边端详着。这是另一个场景。

在这两组儿童中，哪一组是由心智缺陷儿童组成的呢？哪一组是由正
常儿童组成的呢？心智缺陷儿童是兴高采烈的，富有活力的，他们急匆匆 113
地走动，从一件物品到另一件物品，玩每一件东西。对观看这部影片的人来说，这些儿童给人的印象似乎是聪明的，因为每个人通常都习惯于把做一件又一件事情的、活泼快乐的儿童看作聪明的人。然而，情况恰恰相反。正常儿童是镇静地走动的，他们好长一段时间站着不动，沉思地注意着一件物品。因此，安静和有节制的行动以及行动前思考周到的表现是正常儿童的特征。

莱文教授实验的结果与普遍流行的观念是相冲突的，因为在通常的环境中，聪明的儿童会像影片中那些心智缺陷儿童一样去行动。我们可以发现，行动缓慢而沉思的正常儿童是有点新奇的，但同时表明他的行动受自我所控制、受理性所指导。这种儿童被他所看到的一些外界事物激发起来，但

能够自由地运用它们。自我控制和有节制的活动才是有价值的。因此，对任何儿童来说，不管他用什么方式和以什么感觉去运动，重要的是他应该掌握自己的运动器官。运动的能力是受他的自我所指引的，而不是纯粹由外界事物的吸引力所支配的，从而引导一个儿童把他的注意力只集中在一个事物上。这是一种源于内因的现象。

对个人来说，用这种审慎和沉思的方式进行活动实际上是正常的。它
114 概括为一种秩序，我们可以称之为“一种内在自律的秩序”（an order of inner discipline）。内在自律表现为一种有条不紊的外在行动。当缺乏这种内在自律时，个人就不能控制自己的行动，而可能受他人的意志所支配，或者就像一条没有舵而随波逐流的船一样，成为外在目的的牺牲品。他人的意志很难使一个人进行有条不紊的活动，因为组织有序是这样的活动所需要的。当这种情况发生时，我们可以说，一个人的人格被分裂了。当这种情况发生在儿童身上时，儿童就失去了依据他的天性来发展的机会。几乎可以把这种儿童比作这样的一个人：他乘坐热气球降落在沙漠里，突然他发现热气球被风刮走了，他一个人被抛下了；他已不能做任何事情来引导热气球，他发现周围也没有一样东西能替代热气球。这就是确实要通过成人与儿童之间的斗争而得到发展的人的一种情景。他的心智是迟钝的，也没有得到发展，并远离他的表达手段，因而他的思想只能任凭某些因素的摆布。

运动的重要性

十分清楚，因为成人并没有意识到运动对儿童来说是多么重要，所以，他们一直在阻止儿童身体的运动。

同样清楚的是，一些科学家和教师也没有注意到运动在儿童的形成发

展中的极大的重要性。如果说“动物”这个词包含了“活力”的观念，或 115
者包含了“运动”的观念，那么，动物和植物之间的区别就在于：动物可以到处活动，而植物扎根在土地上。那人们为什么要去阻止儿童的运动呢？

各种赞美儿童的说法表明人们潜意识地接受了这样的一些观点。有的人说，儿童可以被称为“一朵小花”，这意味着他应该是文静的。有的人说，儿童可以被称为“一个小天使”，这意味着他应该不仅是活跃的，而且是飞扬的，但他只能存在于与人类世界不同的另一个世界中。

所有这一切揭示了人类心灵的令人不可思议的盲目，这比弗洛伊德认为存在于人类潜意识中被称之为“心理盲点”的那种局部盲目更为厉害。这种盲目的程度之深，可以从这个事实中看出，那就是：科学虽然能发现人类潜意识的深奥，但还不能用系统的方法去揭示它的未知之处。

所有人都承认感觉器官对心理发展的重要性。没有人会怀疑，聋哑人或盲童在他们的心理发展中将遇到极大的困难，因为听觉器官和视觉器官事实上就是心灵的窗户，被认为是“智力感觉”。人们也都认为，在内在条件相同的情况下，聋哑人和盲人的智力低于那些自如地利用全部感官的人的智力。聋和盲是一种不利条件，但它们并不影响身体健康。但是，如果
认为人为地剥夺儿童的视力和听力，儿童仍然能更好地获得高水平的文化 116
知识和社会道德，那将是荒谬可笑的。没有人会有这样的想法。从来也不会有人这样认为，为了文明社会的进步，我们必须依靠聋哑人和盲人。

但是，要人们接受这个观念，即身体运动对人的道德和智力发展具有极大的重要性，这是很困难的事情。如果一个正在发展中的儿童不运用他的运动器官，那他的发展将会受到阻碍；而且，与被剥夺了视力或听力的人相比，他将更远离“智力感觉”。

失去身体自由的人将比聋哑人和盲人遭受到更大和更明显的痛苦。聋

哑人和盲人只是缺少了与他们的环境接触的手段，以及在他们的发展中起作用的外部工具。心灵具有这样的适应力量，一种感觉的敏锐至少可以在某种程度上弥补另一种感觉的不足。但是，身体运动是人的个性的一部分，没有任何东西可以替代它。一个身体不运动的人实际上就是伤害了自己的生命，也远离了生活。

当人们谈到“肌肉”时，他们立即把它们想成是一种机械装置，实际上想成是一部机器的机械装置。这种概念似乎与我们有关精神形成的观念是对立的，是与物质和心理机制不相关的。

117 对心理的发展和人的智力发展来说，身体运动甚至比所谓的“智力感觉”更为重要。这一认识似乎是对一些流行观念的一种挑战。

但是，在眼睛和耳朵中是存在机械装置的。没有任何东西能够比我们在眼睛中发现的那个惊人的和逼真的照相机装置更为完美。耳朵是一些多弦竖琴和一支甚至拥有敲击乐组的完美的爵士乐队的一种组合！

然而，当我们提到这些卓越的工具在智力发展中的重要作用时，我们并不把它们看作一些机械装置，而看作自我在使用它们。通过这些奇妙的和有生命力的工具，自我与世界联系了起来，并运用这些工具来满足自我的心理需要。观看日出或日落，观看艺术作品，观看大自然的神奇景色，聆听悦耳歌声或美妙音乐，所有这些多种多样的和持续不断的感官印象给内在自我带来了心理活动的愉悦，并为心理活动的保持提供了必要的营养。

自我是真正的力量、唯一的主宰者和感官印象的接收器。如果自我没有去欣赏和享受，那么这些感官的机械装置还有什么用处呢？看或听本身并不怎么重要，但更重要的目的是，通过看和听使一个人的自我得以成长、享受和延续。

在器官和运动之间，我们可以进行一种类推。毫无疑问，运动需要各种各样具有机械装置的器官，尽管这些器官的机械装置并不像耳朵的鼓膜或眼球的晶体那样高度专门化。人类生活和教育的基本问题是，自我应该能够激发和掌握自己的运动工具，以便在它的运动中服从某种东西，这种东西高于物质的目标或植物性生命的功能以及通常是本能的东西，但在人 118
身上显然具有一种智慧的创造性精神。

如果自我不能得到这种必要的条件，那么它的整体将遭到破坏。自我将仿佛是一种与不断生长发展的身体分离的本能。

“爱的智慧”

生命的全部工作本身都是按照它的规律去实现的，并使人得到和谐的发展，并获得以爱的形式出现的意识。

爱不是运动性冲动，而是运动性冲动的一个反映，就像行星反射了太阳的光芒。这种动力就是本能，是生命的创造力。但是，它在创造的过程中产生了被感受到的爱，所以，在儿童的意识中充满着爱。通过爱，儿童实现了自我。

我们可以想象，在整个敏感期，儿童自己与一些事物联系起来的那种不可抗拒的冲动，实际上就是一种对他的环境的爱。作为一种激动的情感，它并不是通常所理解的爱的感觉，而是一种对能够感受和吸收智慧的爱，是通过爱的过程而形成的。对于引导儿童去观察事物的那种内在指导者， 119
但丁（Dante）[①]把它描述为“爱的智慧”（intelligence of love）。

事实上，爱使得儿童能够以一种细致的和热情的方式去观察环境中的那些东西，而这些东西往往是我们成人所忽视的。爱的特点是什么呢？那

---

① 但丁（1265—1321），意大利诗人。代表著作有长诗《神曲》，其他著作还有《帝制论》《书信集》等。——译者注

就是，能使儿童对他人不注意的事物产生兴趣，并能揭示他人尚未认识到的事物细节和专门特征。只有爱才能发现这些事物细节和专门特征。因为儿童是通过爱而获得智慧的，所以，儿童能够看到成人不感兴趣的和视而不见的东西。这种主动的、热情的、细致的和不断的吸收，就是处在爱的智慧中的儿童的特点。

在成人看来，它表现为活跃和欢乐，表现为对生命的强烈感情。成人认识到这些是婴儿的特征，但是，成人并没有认识到在它们背后的爱，也就是精神能量以及伴随着创造的道德美。

相对来讲，儿童的爱仍然是单纯的。他的爱是因为吸收外界事物，是因为大自然命令他这样做。他不断地吸收外界的东西，直到它们成为他自己生命的一部分，由此创造他自己的特质。

在儿童的环境中，成人是爱的一个特殊目标。从成人那里，儿童不仅得到他所需要的物质和帮助，而且得到很多的爱。这对他的自我发展是必要的。对儿童来说，成人是可尊敬的人。成人的嘴就好像是一个精神的喷泉，儿童从那里汲取他必须学会说的那些话语，并将作为他自己的指导。对于
120 儿童来说，成人的话语是神奇的刺激，给人一种激发精神的印象。成人用他的行动向原来一无所有的儿童展示了人是如何行动的。儿童是通过模仿成人而开始他自己的生活的。成人的话语吸引着儿童，有时几乎可以使他入迷。这表明成人的话语具有暗示的力量。儿童对成人是那么敏感，以至于成人在某种程度上支配着儿童的生活和行动，而儿童自己的个性可能就消失了。

儿童把那双脏鞋放在床单上这个例子表明，一种服从来自暗示的力量。成人对儿童所讲的话，就像雕刻在大理石上一样永远铭记在他的心灵里。我们可能还记得另一个例子，一位母亲收到装有手帕和小喇叭的包裹，后

来小女孩看到手帕的反应就是“音乐”一词。由于儿童那么渴望从成人那里得到爱而成为一个爱的积聚者，因此，成人应该认真仔细地考虑他在儿童面前讲的所有话。

儿童是倾向于服从成人的，这种倾向存在于他的心灵深处。只是当成人要儿童抛弃那些有助于他按照既定的法则和规律进行创造的内在冲动时，他就可能变得不服从了。成人为了个人利益而要求儿童停止创造时，就好像在儿童长出乳牙时硬不让他的乳牙长出。儿童发脾气和进行反抗，正是儿童的创造性冲动与他所爱的但又不理解他的成人之间一种生死存亡的冲突的外部表现。当儿童不服从或发脾气时，成人应该想到它归因于这种冲突，同时应该想到它归因于对儿童发展所必需的生命活动的防御。 121

实际上，我们必须认识到，儿童爱我们，并想服从我们。儿童爱成人胜过爱其他任何东西，但人们仅仅谈成人对儿童的爱。我们常常可以听到“父母多么爱孩子啊！”或者“教师多么爱学生啊！”之类的话。还这样认为，应该教儿童去爱，爱他父母，爱他老师，爱所有人，爱动物和植物，爱一切东西。

那么，谁将教儿童呢？谁将是他在爱的艺术方面的老师呢？难道是那些认为儿童不听话并只想到保护他自己和他的财产免遭儿童侵犯的那些人吗？这样的人显然是不可能教儿童去爱的，因为他们并不具有我们称之为“爱的智慧”的那种敏感性。

相反，儿童是爱成人的，他需要成人在他身边陪伴，而且很高兴能引起成人对他的注意，儿童会说：“看着我！和我在一起！”

当儿童晚上去睡觉时，他就希望自己所爱的人陪伴着他而不要离开。当我们去吃饭时，一个仍在吮奶的孩子也要跟着去，他并不是为了吃，而只是想与我们在一起。成人没有意识到儿童的这种神秘之爱。但是，我们应该记住，如此深爱我们的儿童终将长大，终将从我们的视线中消失。到那时，谁还会像这个儿童那样爱我们呢？谁还会在睡觉前充满深情地对我
122 们说“和我在一起！”而不是仅仅对我们说“晚安，再见”呢？谁还会在我们吃饭时如此渴望站在我们身边呢？我们防御这种爱，但我们将永远再也找不到另外一种与它相同的爱。我们唠唠叨叨地说：“我没有时间！我不能！我有很多事情要做！”然而，我们心里所想的却是：“必须纠正儿童的做法，不然的话，他将使我们成为他的奴隶。”我们所想的就是摆脱掉儿童的束缚，这样我们才能做自己想做的事情，我们才不会感到不方便。

每天早晨，如果儿童去唤醒他的还在酣睡的父母，那是一件极其令人讨厌的事情。在允许的情况下，保姆必须绝对阻止他这样做。保姆是父母早晨睡觉的保护者。但是，如果不是爱，那还有什么东西会促使儿童一醒过来就去寻找父母呢？当太阳刚刚升起时，儿童就从床上起来去找仍然在睡觉的父母，仿佛要说：“学会健康地生活吧！天亮了！早晨了！”但是，儿童到他父母跟前，并不是作为教师去教导他们，而只是去看他所爱的人。父母住的那个房间仍然是黑暗的，窗帘遮着，以至于黎明的曙光并没有打扰睡眠者。儿童蹒跚地走去，因为害怕黑暗而心里紧张，但他克服一切困难，温柔而轻轻地抚摸父母，但父母却抱怨说：“已经跟你讲过多少次了，不要清晨一早就来叫醒我们。”儿童回答说：“我并没有叫醒你们，我只是轻轻
123 抚摸一下，我只是想给你们一个吻。”实际上，他仿佛说：“我并不希望把你们叫醒，我只是想唤醒你们的精神。”

确实，儿童的爱对成人所关注的方面具有很大的重要性。由于他父母对生活中的一切都麻木了，认为睡觉超过任何事情，因此，需要一个新人去唤醒他们，用一种他们长期失去的充满生气和富有活力的能量去维系他们。他们需要一个以不同方式去生活的人，每天早晨对他们说：“你们已经

忘掉了另一种生活！学会更好地生活吧！”

是的，要更好地生活，去感受爱的抚摸。

没有儿童的帮助，成人将会变得颓废。如果成人不一点一点地自我更新的话，一层硬壳就开始在他的周围形成，最终将会使自己变得麻木不仁和冷漠无情。

第二部分　新教育

第一章　教师的任务

发现真实的儿童

127 我们必须面对这个最重要的事实：儿童具有一种心理活动，但这种心理活动的微妙表现尚未被察觉，它的发展方式往往可能受到成人潜意识的阻碍和破坏。

对儿童来说，成人的环境不是一种适宜他生活的环境。更确切地说，它是一群障碍物，导致儿童不得不进行防御，甚至为了尽力去适应它而扭曲自己，否则就会成为成人暗示的牺牲品。在作为教育基础之一的儿童心理学研究中，虽然对于这种实际情况给予了关注，但它并不是从儿童的特性来阐释的。因此，儿童心理学的一些观点必须从根本上进行修正。正如我们所看到的，在儿童的每一个令人惊讶的反应后面，都有着一个需要破解的谜；儿童的每一次发脾气，都是一些深层原因的外在表现。这些原因并不能简单地解释为对一个不相容的环境进行防御的表面冲突，而应该理解为一种更高的基本特性正在寻求展现。发脾气就像一场暴风雨，它是儿童心灵中隐藏的秘密在向外显露时受到阻碍的一种无奈表示。

很明显，所有这些伪装把儿童的真实心灵都隐藏起来了。发脾气、抗 128
争和执拗等所有的表现掩盖了儿童去实现他的生命的不断努力，使他不能展现自己的个性。个性仅仅是各种特性的一个总称。但是，如果儿童这个精神胚胎在他的心理发展中按照一个建构图式来发展的话，那么，在这些不协调的外在表现背后肯定存在着一种个性。在这些外在表现下面，有一个被隐藏的人、一个尚未被认识的儿童、一个被埋没的但必须获得解放的有活力的人。这就是教育所面临的最紧迫的任务。在这个意义上，解放意味着一个人知道自己应该做什么，或者实际上就是去发现尚未知的东西。

在已发现的心理分析研究与这种未知儿童的心理学研究之间，存在着一种根本区别。这种根本区别主要是：成人潜意识中的秘密是自我受到压抑的一些东西，而儿童的秘密仅仅是通过他的环境来隐藏的。因此，要帮助一个成人，就必须帮助他解开长期由复杂艰难的适应过程而形成的一团乱麻，以及解析所有的象征和伪装手段。要帮助一个儿童，就必须给他提供一个能够使他自己工作并自由地表现他自己的环境。儿童正处在一个创造和发展的时期，为他敞开大门就足够了。事实上，儿童正在创造，也就是说，正处在从无到有、从潜在性到现实性的过程之中。在从一无所有走出来的时候，儿童不可能是复杂的。儿童具有日益增强的能力，他在展现自我时也不会有很大的困难。因此，通过准备一个自由的环境，一个适宜
生命发展的环境，儿童的心理就能自然地得到发展和表现，由此他的秘密 129
也就自主地展现出来。如果没有这一条原则，那么，所有的教育努力都会越来越深地陷入一种无法摆脱的混乱之中。

就新教育的目的而言，首先是发现儿童和实现对儿童的解放。我们可

以说，与之有关的首要问题，就是儿童的生存方式，简单地讲，就是儿童的生活。其次是，在儿童发展到成人的整个时期，给儿童提供必不可少的帮助，这意味着环境是十分重要的。在儿童的发展过程中，环境必须适合儿童的成长，尽可能使障碍物减到最少；环境必须为儿童能力的自由发展提供空间，为儿童的活动开展提供必要的手段。由于成人自己也是儿童环境的一部分，因此，他必须使自己适应儿童的需要，而不要成为儿童发展的障碍，也不要代替儿童去进行他们成长发展所必需的活动。

精神的准备

教师一定不要这样想：仅仅依靠研究和成为一个有文化的人，就能为自己的使命做好准备。教师首先必须做的事情就是培养自己在道德规则上的某些才能。

所有问题的关键是教师对待儿童的方式。这并不能依靠外在因素，好
130 像它仅仅要求教师具有关于儿童天性或教学方法和矫正方法的理论知识。

这里，我们希望强调的事实是，教师必须使自己的内心做好准备。他必须系统地研究自己，以便发现某些具体的缺点，因为这些缺点会成为他对待儿童时的障碍。为了发现这些已成为他的意识一部分的缺点，教师需要得到帮助和教导，就像我们需要其他人对我们观察并把他们所看到的情况告诉我们一样。

在这个意义上，教师需要得到引导，并使自己的内心做好准备。他太过分注意儿童身上的坏脾性和如何纠正儿童的错误行为，或者认为危险在于儿童的心灵受到了原罪的影响。

相反，教师应该先研究自己的缺点和坏脾性。首先让教师清除自己眼睛中的沙粒，然后他才能更清楚地知道如何消除儿童眼睛中的尘埃。教

师的内心准备与宗教信徒所追求的完美是不同的。成为一位教师，未必是要变成“完美无瑕的”，也未必是没有过失和缺点的。事实上，那些在不断地追求自己内心生活完美的人，有可能会继续潜意识地阻碍他们去理解儿童。这就是我们为什么必须受到教育和指导，必须受到成为幼儿教师的培训。

我们自己身上有许多不好的脾性，它们像田野里的野草茂盛地生长。131
这些坏脾性可以分为七类，即古代所称的“七大罪恶”（Seven Deadly Sins）[①]。

所有的坏脾性使我们与儿童分离。因为与我们相比，儿童不仅是更加天真无邪的，而且是具有神秘特性的。我们成人通常不会看到它，但一定会毫不犹豫地相信它。因为耶稣如此清楚和急切地对他们说，所以，所有的福音传道者都记下了他的话：“如果你不改变自己并成为年幼的儿童，你将不能进入天国。”

教师必须努力使自己能够理解儿童，就像耶稣理解儿童一样。因此，我们应该对这种努力给以解释和界定。真正的教师不仅是一个不断努力使自己变得更好的人，而且还是一个使自己消除不能理解儿童的内心障碍的人。我们应该对一些教师指出什么是他们需要克服的一些内在脾性，正如一位医生会向病人指出某种具体的疾病是一种身体器官正在变得衰弱或出现凶兆一样。因此，这是一些**确实有益的**帮助。

在我们身上出现的并阻碍我们去理解儿童的罪恶就是发怒。

但是，没有一种罪恶是单独起作用的，它总是与其他的罪恶结合在一起的。所以，发怒是与傲慢结合在一起的。傲慢是一种更为显贵的但也更为凶暴的罪恶。

---

① 七大罪恶，指傲慢、贪食、发怒、懒惰、淫欲、贪财、嫉妒。——译者注

132 我们已经把这些坏脾性分为“七大罪恶”。对于这些坏脾性，可以采用两种方法来纠正：一种方法是内部的。对于个人来说，他一旦清楚地意识到自己的一些缺点，就会出于自己意愿尽一切努力与这些缺点进行斗争，并使自己克服这些缺点。另一种方法是外部的。这是在外部的社会环境中的矫正方法，可以看作抑制我们的坏脾性表现的外部形式，从而消除这些坏脾性对儿童发展的阻碍。

这种外部形式的抑制作用是具有巨大影响力的。可以这样说，主要的提醒物是我们自己身上存在的道德上的缺点，在许多情况下，这种外部提醒会使我们去反省自己。因此，它对我们内心的纯洁起了强有力的和重要的作用。

让我们思考一下这“七大罪恶”。我们的傲慢会由于其他人对我们的看法而减弱；我们的贪食会由于我们生活的环境而减少；我们的发怒会由于其他人的强烈反应而制止；我们的懒惰会由于为了生活需要去工作而克服；我们的淫欲会由于社会的习俗而抑制；我们的贪财会由于可能获得多于我们需要的东西而收敛；我们的嫉妒会由于保持尊严的必要而消除。无疑，所有这一切都可以依靠与自己的缺点进行斗争的个人意志而得到实现。但是，对我们来说，这些外部因素是一种不断的、有益的告诫。总之，社会监督为维持我们的道德平衡形成了一个良好的基础。

然而，当我们行动时，我们不会像服从上帝那样带着虔诚的心愿去服
133 从社会的压力。相反，尽管我们很愿意承认我们必须纠正自己所认识到的心灵上的错误，但其他人对我们心灵上的错误的纠正却因感到羞耻而不会被我们轻易接受。在屈从这样的压力下，我们甚至宁可犯错误，也不会接受它。当我们必须接受它时，我们会本能地维护自己的尊严，而解释说我们选择这样的做法是不可避免的。当我们没能得到自己想要的东西时，我

们就会说："我并不喜欢它。"这种小谎言是一种在道德上最常见的虚伪。

我们遇到采用小的伪装进行的抵制，这意味着，我们正在进行战斗，但还没有找到一种完美的方式。正如在所有的战斗中一样，我们不久就会发现，组织显然是需要的，因为个人的不良脾性淹没在共同的不良脾性之中。一些具有同样缺点的人本能地通过联合去寻求胜利。事实上，他们建起了防御工事，防御那些与他们的基本观点相冲突的人。

例如，没有人敢说，一种公平的财富分配会使富人感到不高兴，因为他们是贪婪和懒惰的。然而，这样的一种财富分配对所有人来说都是有益的，也是社会进步所必需的，因此，我们甚至会发现许多富人宣称他们为了公共利益而愿意这样做。我们具有一种本能倾向，那就是，在一些崇高的和必要的责任的借口下掩饰我们自己的罪恶，正如在战争中用挖战壕来掠夺 134
土地或把进攻性武器描述成保卫和平的工具。对我们的缺点进行抵制的外部力量越软弱，我们就越容易编造掩饰我们缺点的借口。

通过这些思考，我们逐渐认识到，我们关心自己的缺点甚于我们去思考。我们逐渐发现，当我们由于自己的缺点而受到指责时，我们甚至会潜意识地掩饰它们。但实际上，我们并不是在保护自己的生命，而是在为自己的罪恶辩护。我们使它披上了所谓的"需要""责任""公共利益"等伪装。渐渐地，我们把虚假的东西看作真实的东西，陷入一种错误的境地而难以自拔。

现在，教师以及所有与儿童教育有关系的人，必须使自己从这种错误的境地中解放出来，因为这种错误使他们不能正确地对待儿童。对普遍存在的缺点必须进行清楚的界定。我们这里所说的不是一种道德罪恶，而是两种道德罪恶——傲慢和发怒组成的一个混合物。

实际上，发怒是主要的罪恶；傲慢随之给它提供一个漂亮的伪装。傲慢使成人的个性具有一个合法的借口，使它看起来是那么可爱，甚至是令人尊敬的。

现在，发怒是那些罪恶中的一种，但它会遭到其他人的强有力的和坚决的抵制。发怒是一种表现，即一个人发现他自己很难忍受其他人。因此，在面对发怒的时候，要保持克制。那种迅速使他自己发现处于屈辱境地的人，
135 被迫后退会使他变得对自己的发怒感到羞愧。

所以，遇到一些不能保护自己或不能被理解的人，例如，对被告知的任何事情都相信的儿童，我们找到一种真正的发泄自己情绪的方式。儿童不仅很快就忘记了我们对他的发怒，而且对我们所指责他们的一切都感到内疚。他们就像圣方济各（St. Francis）[①]的信徒一样。圣方济各突然大哭起来，认为自己是一个虚伪的人，因为一位教士曾这样告诉他。

我们应该使教师反思这样的不适宜环境对儿童生活所产生的严重影响。它不只是儿童的原因，即儿童不能用他的理性去理解不公正，他心里是感受到不公正的，因而变得抑郁甚至心理畸变。于是，儿童会表现出一种潜意识的防御反应。具体来讲，儿童会用胆怯、说谎、任性、无理取闹、失眠和恐惧的形式表现出来，每一种形式都代表着儿童潜意识的防御状态，因为他的智力还不能使他真正了解与成人的关系。

但是，发怒并不总是意味着身体上的暴力行为。“发怒”这个词通常被理解为那种原始的和粗暴的冲动，它会导致一些复杂的表现。心理更加成熟的人往往会掩饰他发怒时的复杂心态。

事实上，发怒就其最简单的方式而言，就是对儿童公开反抗的一种反应。但是，在儿童心灵的比较模糊的表现方式面前，发怒和傲慢融合在一起，

① 圣方济各（1181/1182—1226），天主教方济各会和方济各女修会的创始人。——译者注

就成为一个复杂的整体，采取一种明确的、安静的和体面的方式，即人们称之为的“专制”。

毋庸置疑，我们有一个苦恼，那就是，把公认为权威的专制者放在一 136
个坚不可摧的堡垒之中。成人是正确的，仅仅因为他是成人。对这一点的疑问，就好像是对一种既定的和神圣的统治方式的攻击。在早期社会里，暴君被看作上帝的一个代表。然而，对儿童来说，成人就是上帝。成人完全是不容怀疑的。实际上，唯一能够怀疑的就是儿童，而儿童却保持沉默。他使自己去适应一切，相信一切，宽恕一切。当儿童受到体罚时，他不还手，还心甘情愿地请求发怒的成人原谅他，他甚至忘记问自己在哪个方面犯了过错。

然而，儿童偶然也会采取自卫的行动，但他的这种自卫行动几乎不是对成人行为的一种直接的和有意的反应。它是儿童尽力想保护自己的心理健全的一种自卫，或者是对自己的心灵受到压抑的一种潜意识的反抗。

只有当儿童长大一点时，他才开始用他的反应直接反对专制本身。但是，到那个时候，成人又会找一些理由来进行辩解，成人仍然使自己披上了一种更牢固的伪装，有时甚至成功地使儿童相信这样的专制是为了他的利益。

对儿童来说，“尊敬”成人是他唯一应该做的事情，因为弱者要尊敬强者。成人认为，他“冒犯”儿童是合理的。他可以公开地评判或诋毁儿童，甚至可以伤害儿童的自尊心。

儿童的需要是受随心所欲的成人指引或压制的。儿童的反抗被认为是 137
不服从，对成人的容忍来说那将是危险的。

这是仿效早期社会的一种统治形式：那些君主从其臣民那里强征贡物，臣民除了服从而别无选择。像那些认为他们所得到的一切好处都是君主的善行的人一样，儿童同样应该把一切都归功于成人。更确切地说，成人是相信这一点的。成人有意识地扮演了造物主的角色，傲慢地认为他创造了儿童的一切。他使儿童聪明、善良和虔诚，使儿童有需要并能够与他的环境、人和上帝相接触。这是一个劳累的任务。君主拒绝承认他自己是专制的。难道君主会承认他折磨过自己的臣民吗？

我们的教育方法要求教师在精神上做好准备，也就是说，教师应该检查自己，使自己摒弃专制；他应该消除内心潜意识地用硬壳包住的发怒和傲慢，这是一个自古以来就难以解决的问题；他应该使自己变得谦逊和慈爱。这些就是教师应该具有的心理倾向。这是有可能达到平衡的中心点。这就是教师“培训”的出发点和目的。

这并不意味着，我们必须赞成儿童所做的每一件事情，或者我们必须
138 避免去评判儿童，或者我们可以忽视儿童的智力和情感的发展。完全相反，教师必须牢记他的使命就是教育儿童，并成为儿童的一位真正教师。

但是，我们首先应该是谦逊，并根除潜藏在我们内心的偏见，就像牧师在走上圣坛之前必须背诵他的《悔罪诵》（*Confiteor*）一样。

所以，是这个意思，而不是另外的意思。

我们也不要认为，当儿童接受教育时，他应该拒绝接受这样的帮助；但是，我们必须使自己的内心发生一次根本的变化，防止我们从成人的角度去理解儿童。

第二章　教育的方法

教育方法的起源

我们的教育方法的最重要特征，就是对环境的强调。另一个特征，139
是对教师作用的极大关注和充分探讨。缺乏主动精神的教师强调自己的活动和原有的权威，因而成为儿童活动的障碍。然而，具有主动精神的教师在看到儿童如此活跃并取得进步时，不仅感到高兴，而且表示赞美。教师应该记住施洗者圣约翰的那句话："他必须增加，但我必须减少。"还有一个特征，就是对儿童个性的尊重，使之达到任何其他教育方法从未达到的程度。

在最初以"儿童之家"（Case dei Bambini）命名的一些专门学校中，这三个基本特征得到了展现。"儿童之家"这个名称带有"家庭"的含义。那些密切关注这个新教育运动的人知道，这种新的教育方法一直被广泛地讨论。这种教育方法特别考虑到儿童和成人的角色调换——教师实际上几乎很少进行教学；而儿童是活动的中心，可以进行自我学习，并自由地选择自己的工作和活动。尽管它没有被看作一种乌托邦，但有人认为它是一种
夸张的做法。140

下面谈谈我们关于环境设施的想法。在这个环境中一切设施都要适合于儿童身体的观点，已得到人们的赞同和接受。在那些干净明亮的教室里，有装饰着鲜花的低矮窗户、仿制现代家庭家具的各种微型家具、小桌子、小扶手椅、漂亮的窗帘、儿童可以自己开门的矮柜以及柜内有儿童自己可

以随意使用的各种教具。总之，所有这一切看来是对儿童生活的一种真正的和实际的改进。我相信，大多数“儿童之家”保持这种外部条件是至关重要的。

现今，在长期的研究和实验之后，我们感到需要再次对“儿童之家”的教育方法进行思考，尤其有必要对我们教育方法的起源进行阐释。

有人认为，通过对儿童的观察我们得出一个惊人的结论，即儿童具有一种隐藏的神秘的天性，对这个结论的直觉使我们构想出一种特殊的学校和一种特殊的教育方法。其实，这种看法是一个很大的误解。对一些未知的东西进行观察是不可能的；任何人也不可能立即通过一种模糊的直觉想象儿童具有两种天性，并说“现在我尝试通过实验来进行证明”。可以说，任何新的东西必须通过它自己的能量展现出来；它必须通过我们所说的机
141 会得到激发而展现出来，并对人们的心理产生冲击。没有一个人会比目睹新生事物的人更持怀疑的态度；他常常就像世上所有人一样拒绝这个新生事物。这个迄今仍未被认识的新生事物在它被人们最终看见、承认和热情地接受之前，它肯定会不断地展现自己。实际上，那些被新生事物所震惊并最终接受它的人不仅会深深地迷恋它，而且会为它奉献出自己的生命。他的激情是如此巨大，以至于可以使其他人相信他就是创造者。然而，事实上他只不过是对新生事物的展现更为敏感罢了。当他能够认识新生事物时，他所做的就像《圣经》中的那个人，那个人找到一颗价值连城的宝珠时，竟卖掉自己所拥有的一切来买这颗宝珠。

我们的困难在于发现新生事物，在于使我们自己相信新生事物，因为在新生事物面前我们的感官大门因为反对新奇而关闭。我们的内心就像一间贵族的画室，这间画室是不对陌生人开放的。如果陌生人要进去的话，他必须经过另一个已熟悉它的人的介绍——我们总是从已知到未知的。因

此，新生事物必须砸坏紧闭着的门或在门半开着的那一刻偷偷地溜进去。于是，新生事物引起了人们极大的惊异和剧烈的变革。当伏打（A. Volta）[①]在注视青蛙被剥皮后蛙腿抽动时，他肯定是有点难以置信的。然而，他注意到这个事实，并因而认识了静电的作用。有时候，一件最细小的事情会开辟出一个无止境的新领域。因为人天生就是一个寻觅者和探究者，如果没有对那些最初似乎并不重要的事实的发现，人就不可能前进。

在物理学和医学中，对一个新发现的界定有着严格的标准。在这些领域中，一个新发现就是对以前尚未被认识的事实的首次发现，这个尚未被 142
认识的事实是从未被怀疑过的，也就是说，仿佛它是不存在的。因为事实总是客观的，所以，不会依赖于个人的直觉。在验证一个新事实的存在时，有两个步骤：首先是必须证明它本身的存在，也就是把它分离出来；其次是必须研究环境，使新事实本身在这个环境中得到显示，因而我们可以再现它和使它永久存在。只有当这个基本问题得到解决时，才可能开始研究这个新事实，然后在新的道路上发现新的东西，研究者可以得到真正的发现。很清楚，没有人会研究他知道不存在的东西，当然这是另一回事。研究必须是一个前厅，它暗示着一种神奇现象的出现。有一种研究形式是专门研究复制、保存和控制现象的，以便它不会像一种幻象一样消失，而会变成一种现实、一种明确的占有，因而具有一种真正的价值。

现在，第一所“儿童之家”这样的一个教育机构并不是为既定的实验或科学研究而安排的。它提供了一个范例，首次发现了一个“未知”的人在他被认识之前自身所表现的所有特点，以及一个能够打开无限视野的平常的事实。

---

① 伏打（1745—1827），意大利物理学家和化学家。——译者注

第一所“儿童之家”的创办

143 很久以前我所写的一些东西是我在一堆旧笔记中发现的。它们可以是我对这一方面感兴趣的证明。

“你们是谁？”

第一所“儿童之家”创办于1907年1月6日，招收三岁至六岁的正常儿童。当时，我还不可能说到我的教育方法，因为这些教育方法还没有形成。但是，我的教育方法很快就在这所“儿童之家”中付诸实践。那时候，除了50多个贫困家庭儿童之外，我一无所有。这些儿童衣衫褴褛，胆怯害羞，不少人在流泪。几乎所有委托给我照管的儿童的父母都是文盲。

最初的计划是把在工人公寓里生活的那些年幼儿童聚集在一起，这样，这些儿童就不会被扔在楼梯上玩耍，弄脏公寓的墙壁或产生令人烦恼的混乱。为此目的，在公寓里为他们提供了一个房间。我被邀请来负责这个教育机构，我期望“它能有一个美好的未来”。

我有一种奇妙的感觉，正是这种感觉使我在这所“儿童之家”开幕的时候满怀信心地宣布：整个世界总有一天会说这是一项“崇高的”事业。

那天是主显节（the Epiphany）①，在教堂里读到《圣经》上的那段话对我来说好像是一种祝愿和预言：“看到地球将被黑暗所笼罩……但是，太阳将在东方升起，它的光芒将成为人们的指南。”所有出席“儿童之家”开幕式的人都感到很惊讶，相互问道：为什么我会认为一个贫困家庭儿童的教育机构在地球上具有如此大的重要性。

144 我开始工作的心情就像一个不重视好的玉米种子的女农夫一样，她找到了一块肥沃的土地，随意地把种子撒在那里。但是，我的想法是错

① 主显节，1月6日纪念耶稣显灵的节日。——译者注

的。当我挖开泥土时，发现的是金子而不是小麦，泥土下面隐藏着珍宝。我并不认为自己就是那个女农夫。更确切地说，我就像愚蠢的阿拉丁（Aladdin）[1] 一样，手里拿着一把钥匙，但却不知道这就是打开隐藏着珍宝的大门钥匙。

事实上，为这些正常儿童所做的工作给我自己带来了一连串的惊讶。也许，这个奇迹般的故事是值得说一说的。

从逻辑上来思考，在心智缺陷儿童的教育中已获得很大成功的那些教育方法，可以表明它们也是正常儿童更好发展的一个真正的关键。通过这些教育方法的运用，我在矫正心智缺陷儿童的心理和改变他们的思维方式上获得了成功，其中一些心理卫生原则可以有效地帮助正常儿童发展得更快和更好。但是，这一切并不是那么新奇的，已形成的教育理论是实际的和科学的，因为它确信人的心理应该是均衡发展和深思熟虑的。但是，这并没有改变这个事实：最初并没有取得所期望的效果，但这仍然使我感到惊讶，而且常常是难以置信的。

这些教具运用于正常儿童和运用于心智缺陷儿童的效果是不同的。与那些心智缺陷儿童在一起，这些教具对我来说是有用的，可以作为一种激起他们兴趣的手段。于是，我尽力劝说这些儿童运用教具去工作。确实，
这些教具能使心智缺陷儿童在心理健康上得到改善，并学到了一些东西。 145
但是，正常儿童运用这些教具的情况正好与此相反。当一个儿童被一种教具所吸引时，他把全部注意力集中于这个教具，始终以一种惊人的专注态度连续工作。在完成这样的工作后，他脸上露出满足、轻松和高兴的表情。这是我从那些儿童平静的小脸上和闪烁着自主完成工作后满足的眼神中看

① 阿拉丁，阿拉伯神话故事《一千零一夜》中的人物。——译者注

到的。我给儿童提供的教具，就像给钟表上发条的钥匙。这里有一个区别：在钟表的发条上紧之后，钟表自身就不断地运转了。但是，儿童在运用教具后，他的心理比以前更健康和更有活力。这样的工作是一种真正的心理滋养。

要使我相信这不是一种幻觉，那是需要时间的。在每一次新的经验证明情况确实如此之后，我曾对自己说："我还不太相信，但下一次我将会相信。"因此，在相当长的一段时间里，我仍然不敢相信，但同时我内心又感到激动和惊讶。记得有多少次当教师告诉我儿童自己正在做什么时，我并没有责备她。我曾严肃地回答说："唯一让我印象深刻的是真相。"我记得，这位教师并不生气，常常流着泪说："你是对的。每当我看到这样的情况时，我就想肯定是天使正在激励这些儿童。"

有一天，当我怀着极大的敬意和慈爱看着这些儿童时，我把自己的手
146 按在心口上情不自禁地问道："你们是谁？在我面前的这些儿童难道是耶稣手臂里所怀抱的、正在聆听他说话的孩子吗？…… 我将跟随你们，与你们一起进入天国。"

于是，我手里拿着真理的火炬，继续走我自己的道路。

第一批儿童

当我在"儿童之家"见到第一批儿童时，他们眼泪汪汪，十分惊恐；他们是那么胆怯以致无法说话；他们的脸上毫无表情，眼神显得迷茫，仿佛在他们生活中从未见过任何东西。事实上，他们是未得到照管的贫困家庭儿童，在光线昏暗的破旧小屋里长大，缺乏激励他们心灵的东西，缺乏对他们的关爱。显而易见，他们是营养不良的，需要很好的养育，需要新鲜的空气和阳光。他们是一些闭合的花朵，花蕾并没有含苞待放，花蕊被

隐藏在一个封闭的壳之中。

了解这种新颖的环境能使这些儿童产生多么惊人的转变，更确切地说，了解所出现的新儿童（new children）的心灵闪烁着这样的光辉并使其光芒照亮整个世界，那是令人感兴趣的。

这些环境必须是很适宜儿童的，没有压抑儿童心理发展的障碍，能够 147
促使“儿童心灵的解放”。但是，谁能够说出这样的障碍包括什么呢？或者，需要什么样的环境才能促使儿童被隐藏的心灵花蕊发芽和开花呢？事实上，许多环境似乎是与我们所期盼的一个崇高目标相对立的。

让我们从这些儿童的家庭环境开始说起。他们来自社会的最底层，他们的父母因为没有固定的职业而不得不每天出去找工作，所以，他们无法很好地照管自己的孩子。而且，他们几乎都是文盲。

很明显，对这样的儿童进行教育的职位是没有前途的，因此，要寻找一位受过训练的教师也是不可能的。最初的想法是，应该聘用或多或少有过工作经验的工人女儿作为看管者。后来，一个受过良好教育的女孩接受了聘请。尽管她以前学习过当教师，但在工厂里工作，所以，她既没有作为教师的强烈愿望，也没有任何真正的教师所必需的准备或兴趣。就这个新的教育机构的独特地位而言，它并不是由一个慈善团体创办的，而是由一个建筑协会创办的。他们把儿童聚集在一起，间接的目的是为了避免公寓大楼的墙壁遭到损坏，从而可以减少维修房屋所需要的费用。所以，我们不能把它作为一项社会福利事业，为儿童提供免费的午餐和医疗；或者，
作为一所带有教育目的的真正的学校。唯一被允许的开支，就是为办公室 148
添置必需的家具和辅助设施。这就是我们需要自己为学校制作家具而没有购买课桌的原因。

因此，“儿童之家”并不是一所真正的学校，而像一只在开始时置于

零位的测量表。由于我们的资金有限，以至于儿童和教师都没有桌子，也没有一间办公室或一个家庭应该拥有的专门设施。与此同时，我准备了一些精确的科学的教具，例如，我在一个心智缺陷儿童教育机构中早就使用过的教具，实际上，我根本没有想到这些教具能够作为学校的设施。

因此,不要以为第一所“儿童之家”的环境就像我们今天所看到的“儿童之家”那样光线明亮和令人愉悦。在家具中，给人印象最深的是一张为教师准备的牢固的桌子；还有一个体积很大的橱柜，它被用来储藏所有的教具。这个橱柜坚实的门是锁着的，钥匙由教师保管。提供给儿童的桌子制造得结实而耐用，每张桌子的长度足以使三个儿童并排就座。它们就像学校中的课桌一样，一张挨着一张排列。唯一新奇的是，每个儿童除了临时坐的小凳子外，还有一把结构简单的小扶手椅。院子中虽然栽种植物，但除了一小片草坪和树木外，并没有花朵，这后来就成为我们学校的一个
149 特征。在这样的环境里进行任何的重要实验，其诱惑力是不大的；但我想，令人感兴趣的是进行系统的感官训练，以了解正常儿童与心智缺陷儿童在感觉反应上可能存在的差异。我特别感兴趣的是，了解年龄小的正常儿童和年龄较大且心智缺陷的儿童之间可能存在的差异。不管怎样，我没有轻视通过这样的研究而得到的东西。我对教师没有任何约束，也没有强加任何的专门责任。我仅仅教这位教师如何运用一些感官教具，这样她就可以教儿童使用感官教具。对她来说，这是容易的和有趣的。但是，我并没有阻止她发挥自己的创造精神。

事实上，过了一段时间，我就发现这位教师自己制作了其他一些教具供儿童使用，其中有用金箔纸装饰的精美的十字架。她将这些饰物作为奖品发给行为举止表现最好的儿童。我经常看到一些儿童胸前佩戴着这些饰物。她还教儿童如何把手放在额头上行军礼，尽管大多数儿童是小女孩，

最大的仅有五岁。虽然这似乎使她感到满意，但我却觉得这一切既是微不足道的，又是有点可爱的。

就这样，我们开始了平静而孤独的生活。在很长的一段时间里，没有人知道我们正在做什么事情。

儿童的表现

我想总结一下这个时期的主要活动，尽管要提到的是一些小事情。这 150
些事情只是关于那些儿童从进入“儿童之家”后就开始的故事，而不是一篇严谨的论文所要写的内容。确实，我自己在这个方面的行动是如此简单，确实又是如此不成熟，没有人会真正希望从中得到一种科学的观点。当然，一种有条理的描述将意味着大量的心理观察，或者更确切的说法是，大量的发现。

重复练习

引起我注意的第一个现象是：一个大约三岁的小女孩不停地把一系列的圆柱体放入嵌孔中，然后又从嵌孔中取出。这些圆柱体大小不同，正好与那些大小不一的嵌孔相对应,就像用软木塞盖住瓶口一样。我惊讶地看到，那么年幼的儿童竟能如此聚精会神，带着极大的兴趣一遍一遍地重复进行这个练习。这个小女孩在速度上或技能上并没有显示出进步，而是一种不断重复的运动。由于我自己的计数习惯，我开始数她重复这个练习的次数。另外，我想看看她排除干扰而在这种工作中专注到什么程度。我告诉教师，让其他儿童唱歌和到处走动，但这丝毫也没有干扰她的工作。于是，我轻轻地抬起她坐着的小椅子，把她与小椅子一起放在小桌子上。当我抬起小 151
椅子时，她一把抓起正在操作的圆柱体，把它们放在自己的膝盖上，仍然继续她的工作。从这时起，我开始计数，她重复这个练习42遍，然后才停下来，仿佛从梦中醒来并愉悦地微笑着。她的眼睛炯炯有神，并环顾着四周。她似乎还没注意到我们的各种花招。这些花招在干扰她的工作上是不成功的。至此,没有任何明显的理由,这个小女孩已完成了她的工作。那么，她完成了什么工作呢？她为什么要去完成这个工作呢？

这是我们第一次洞察到儿童那尚未被探索的心灵深处。这个小女孩正处于一个注意力不能持久的时期，她的注意力会不停地从一件事情转移到另一件事情上。然而，她却变得如此专注于她正在做的工作，以至于感觉不到任何外在刺激。当她把大小不同的圆柱体精确地放入相对应的嵌孔中时，伴随着她的专注的是她的手越来越熟练的有节奏的运动。

相似的情况会在各种场合出现。当儿童每一次经历这种体验之后，他就像一个经过休整的人，充满着活力，看起来似乎感受到很大的欣喜。

虽然这种使儿童处于忘却外部世界的专注状态的例子并不常见，但我注意到所有儿童都会有的一种行为特征，实际上构成了他们在所有活动中都遵循的原则。这是儿童工作的专门特征，我后来称之为“重复练习”。

152 有一天，我看到那些正在工作的儿童的小手很脏，我想应该教他们做一些确实有用的事情——如何洗手。接着，我注意到，儿童在自己的手已经洗干净后，仍然在不停地洗手。当他们离开“儿童之家”时，又会再一次洗手。一些母亲告诉我，早晨，她们发现孩子在盥洗间洗手。这些孩子很自豪地伸出他们的干净小手，以至于很多情况下他们被误认为是在讨东西！他们一次一次地重复练习，在这样做的时候他们并没有一种外在目的。他们在自己的手早已洗干净的情况下仍然去洗手，这是出于一种内在需要。同样的事情也发生在许多其他场合。一个练习的各种细节教得越是精确和详细，它似乎越能成为不间断地重复同样练习的一种刺激物。

秩序感

我们还第一次看到另一个结果很简单的事实，那就是，儿童所使用的帮助他们发展的感官教具是由教师分发的，在使用完之后再由教师把教具放回原处。这位教师告诉我，每当她这样做的时候，儿童就会站起来并围住她。她要求儿童回到他们自己的座位上，但儿童总是又回到她身边来。这种情况发生了很多次，于是她断定这是儿童不服从的表现。但是，当我观察这些儿童时，我发现，其实儿童是想自己把各种感官教具放回原处， 153
于是，我让他们自由地去这样做。对于儿童来说，一种新的生活从此开始了。把一些东西放整齐就成为一种对儿童很有吸引力的工作。如果一个儿童手中拿着的水杯掉在地板上并把玻璃杯摔碎了，其他儿童就会跑过去，捡起玻璃杯碎片，并把地板擦干净。

有一天，这位教师把一个装有彩色小方块的盒子掉在地板上了，其中装有80块颜色深浅渐进的彩色小方块。我记得，这位教师当时有点慌张，因为要把这么多在颜色上略有细微差别的小方块重新排列起来是很困难的。但使我们感到惊讶的是，儿童立即向她奔过来，很快就把所有的彩色小方块按颜色的深浅正确地放在它们原先的位置上，表现出一种极好的对颜色的敏感性，远远胜过我们对色彩的感觉。

自由选择

有一天，这位教师到校稍迟了一点，之前她离开学校时忘记把橱柜锁起来。到校后，她发现许多儿童已经把橱柜的门打开了，并围着它。其中，有一些儿童正在取出教具把它们拿走。这位教师把这看作一种偷窃行为，认为这些儿童如此不尊重学校和老师，应该进行严肃处理，并应该告诉他们正确与错误之间的区别。然而，我却把这件事情看作一个标志，标志着

154 儿童已经认识了各种教具，以至于他们已经能够做出自己的选择。情况证明确实如此，这使儿童开始了一种新的和有趣的活动形式。现在，他们可以根据自己的特殊爱好去选择工作。为了使儿童能够这样做，我们后来制作了漂亮的矮柜，矮柜里放着的教具任由儿童使用，这样儿童就可以选择一些适合他们内在需要的教具。因此,在“**重复练习**”的原则上又加上了“**自由选择**”的原则。

玩具

尽管在“儿童之家”里有一些确实奇妙的玩具，但儿童从不选择它们，这使我感到十分惊讶。我决定进行干预，给儿童演示如何玩这些玩具。教他们如何拿小碟子，使他们学会如何在小厨房里点火，并在旁边放着一个可爱的娃娃。但是，儿童只表现出片刻的兴趣，然后就各自走开了，从未使这样的玩具成为自由选择的对象。因此，我认识到，在儿童的生活中，玩玩具也许只是次要的事情，由于儿童心里没有更好的事情要做，因此他们才去玩玩具。当儿童感到他有一些重要的事情要做时，他是不会去玩玩具的。在儿童的心里，更崇高的事情似乎是处于更优先的地位，优先于无关紧要的消遣活动。儿童看待游戏，就如同我们看待下棋或打桥牌一样。我们成人也会有同样的情况，下棋或打桥牌是我们休闲时的一种愉快的消遣活动，但如果我们被迫一直下棋或打桥牌而不做其他事情，就会感到那是一种痛苦。当我们有一件高尚的和紧要的事情要做时，就会忘掉下棋或打桥牌。儿童面前也总是有一些高尚的和确实紧要的事情要做。

因为每一个儿童不断地从一个较低的阶段发展到一个较高的阶段，所
155 以，每一分钟对他来说都是宝贵的。儿童正在不断地发展，他会十分专注于那些对他的发展有帮助的教具，而对休闲的活动不感兴趣。自由选择原

则使我们有可能看到他们的内在倾向和心理需要。最初的一个有趣结果是，发现儿童不会选择我们准备的所有科学的教具，而只会选择其中一些教具。他们首先选择或多或少有点相同的教具，其他的教具就退居第二位。许多教具被他们丢弃在一边，以致积满了灰尘。

我过去通常会把所有教具都放在儿童面前，我看到这位教师也做同样的事情，并给儿童讲解如何使用这些教具，但其中一些教具儿童从不主动地去选择。于是，我认识到，在儿童的环境中，每一种教具必须整理得井然有序，消除混乱和多余的东西，儿童的兴趣和专注就会油然而起。

奖励与惩罚

有一天，我去学校，看到一个儿童正独自坐在教室中央的一只小扶手椅子上，没有做什么事情。在他的胸前，佩戴着一枚教师为奖励表现好的儿童而发的金箔十字架。然而，这位教师告诉我，这个小家伙正在受惩罚。原来另一个儿童得到了这枚奖章，他起先把它别在自己的胸前，但很快就把它送给了这位正在受惩罚的小家伙。奖章对于那个儿童来说是一件无用的东西，似乎会妨碍他去从事的工作。那个坐在小扶手椅子上的儿童毫不在乎地看了一眼奖章，然后安静地环顾教室四周，毫无受到惩罚的感觉。这件事使我们充分认识到奖励和惩罚的无效，但我们应该对儿童做更进一 156
步的观察。长期的实验后来证实了我们最初的直觉。对那些毫不在乎任何奖励和惩罚的儿童来说，教师感到已经无须再去奖励或惩罚他们了。更令我们惊讶的是，大多数儿童经常拒绝奖励。一个得到奖章的儿童把自己的奖章送给那个受惩罚的儿童的事实说明，他并不认为这是一种错误行为，反而认为是在做一件好事。后来，我们就常常见到那些金十字奖章别在儿童的胸前，并没有引起他们的任何反应。这标志着一种内在意识的觉醒以及一种微弱的自尊心的出现，而这在以前是不存在的。

安静练习

有一天，我在院子里从一位母亲的手里抱过一个只有四个月大的婴儿到教室去。这个小孩的整个身体被襁褓紧裹着，这是一种盛行的民俗。她的脸蛋又胖又红润，也很安静。她的**安静**给了我深刻的印象，我要儿童与我一起分享这种感受。我对他们说：“看，她毫不出声。”然后我像开玩笑一样补充说：“看她的脚多安稳啊。……你们谁也不能像她做得那样好。”（我
157 指给他们看婴儿的脚如何被包在襁褓里）使我惊讶的是，我看到所有儿童都盯着我，表现得异乎寻常的紧张，并把他们的脚并拢在一起不动。他们似乎在专心地听我讲话，深刻地领悟了我讲话的意思。我继续说：“注意，她的呼吸是多么的平静。你们谁也不能像她一样呼吸，不发出声音……”十分惊讶的儿童开始屏住呼吸了，站在那里身体一动不动。那一刻，出现了异常的安静，平时难以听见的挂钟滴答声开始听到了。似乎这个婴儿把平时从来没有过的一种安静气氛带进了教室。这是因为没有一个人发出哪怕是最轻微的声音。他们都专心致志地体验着这种安静，并保持这种安静。所有儿童都想这样做。这不是出于一种激情，因为激情意味着一种冲动的和外在表现的东西。它是一种来自内心愿望的表现。那时，所有儿童都安静地坐着，尽可能地控制自己的呼吸，就像那些正在沉思的人一样脸上露出一种宁静和专注的神态。在这种令人感动的安静中，我们渐渐地能听到非常轻微的声音，那是远处滴水和鸟鸣的声音。这件事情就是我们的安静练习（silence exercise）的由来。

有一天，我想到可以用这种安静来测试儿童听觉的灵敏度。于是，我在不远的地方低声呼叫他们的名字，就像某种医疗检查中的做法一样。被

呼叫到名字的儿童就必须走到我面前来，而且走的时候不能发出一点响声。158
有40个儿童参加这次练习，我想耐心等待的要求对这些儿童来讲是不可能的，于是我带了一些糖果作为对那些达到要求的儿童的奖励。**但是，儿童拒绝拿这些糖果**。他们似乎在说："不要破坏我们的美好体验，我们心里一直是充满欣喜的，不要分散我们的注意。"所以，我认识到，儿童不仅对安静表现出敏感，并且对在安静环境中几乎很难听到的呼唤声也表现出敏感。他们会踮起脚尖慢慢地走过来，并且很小心地不碰撞任何东西以免发出响声，几乎听不到他们的脚步声。

后来，我又清楚地认识到，每一种含有能纠正错误的运动练习，例如，这种以安静制止喧闹的练习，对引导儿童完善他们的能力是有帮助的。重复这种练习能使儿童在行为上得到训练，而这是无法通过说教来获得的。我们的儿童通过学习如何绕过各种物体而不碰撞它们，通过学习如何轻快地行走而不发出响声，因而变得敏捷和机灵。他们对**自己能完美地完成这些动作**而感到兴奋。他们很有兴趣地发现了自己和自己的接受能力，并在一个不断展现生命的神秘世界中使自己得到练习。

拒绝糖果

我们需要花很长的时间才使自己相信，儿童拒绝糖果有其内在原因，那就是，糖果往往被作为奖品而给予儿童，实际上它并不是必要的和规定的食物。众所周知，儿童总是喜欢吃糖果的，因此，儿童拒绝糖果对我来说似乎是如此不可思议，我希望进行反复的试验。我随身带了一些糖果到 159
学校去，但儿童拒绝接受它们，或者把它们放在罩衣的口袋里。考虑到他们的家庭都很贫困，我想他们可能要把这些糖果带回去给家人吃。我对他们说："这些糖果是给你们的，还有一些糖果你们可以带回家去。"他们接受了这些糖果，但并没有吃，而是全部放进口袋里。有一次，当教师去看望其中一个生病的儿童时，她才发现儿童对这种礼物是珍惜的。这个儿童十分感谢老师的到来，并打开一只小盒子，取出他在学校中得到的一大块糖果给老师吃。这些诱人的糖果被存放在小盒子里已经好几个星期了，而这个儿童一直没有碰过它。那些远离舒适生活的修道士不关心如此无价值的人间凡事，而过着那种真正有意义的生活，他们立即就在精神生活的道路上得到了升华，那是一种什么感觉呢？确实，拒绝糖果这种现象在这些儿童中是那么普遍，以至于一些来访者到我们后来开办的一些学校，目的就是要证实一下在许多书中所描述的这种现象。这是一种自发的和自然的心理现象。当然，没有一个人要教他们修苦行和放弃糖果，也没有一个人会离奇地和荒谬地说："儿童既不应该玩耍，也不应该吃糖果。"即使想象发挥作用，也不会想到这类事情。这里可以说一个广泛流传的故事：有一个重要人物给这些儿童分发一些烤制成几何形状的小甜饼。但是，这些儿
160 童没有吃这些小甜饼，而是很有兴趣地看着它们说："这是一个圆形！这是一个长方形！"这里还有另一个有趣的故事，讲的是一个贫困家庭的年幼儿童注视着母亲在厨房里忙着做饭。当他母亲拿起一块黄油时，这个儿童说："这是一个长方形！"他母亲切去了黄油的一只角，这个儿童就说："现在你拿的是一个三角形。"接着又补充说："剩下的是一个不规则四边形。"但他一直没有提出通常会表达的请求："给我一点面包和黄油。"

尊严感

我还能谈到其他一些令人感到意外的事情。有一天，我想给儿童上一堂有点幽默感的课：如何擤鼻涕。在给他们示范使用手帕的不同方法后，我最后还指导他们如何尽可能地做得不引人注意。于是，我以一种几乎不

被人觉察的方式拿出手帕，并尽可能轻地擤鼻涕。儿童凝视着听我讲，看我做示范，没有发出笑声。但是，我刚结束示范，他们就热烈鼓掌，掌声就像在剧场里听到的那样长久而热烈，使我难以抑制自己的感情，这确实使我感到惊讶。我从来没听到过这样小的手竟能发出这么响亮的声音，我也没想到这些儿童会那么热烈地鼓掌。我想，也许是我触及了他们有限的社交生活中的敏感点。在我所讨论的这个方面，儿童有一种持续的羞辱感。 161
他们往往是一个被嘲笑的目标，总是因为擤鼻涕发出声音而受到成人的责骂。每个人都对他们大声训斥，每个人都对他们进行侮辱。最后，特别是在学校里，为了防止丢失手帕，他们还得把手帕惹人注目地别在自己的罩衣上。手帕就像一个恶行的污名和标记。没有一个人真正地教他们应该如何擤鼻涕，而总是直接训斥他们。我们应该把自己摆在儿童的位置上，或者最好说，我们应该懂得儿童对别人的嘲笑是敏感的，因为这些嘲笑会使他们感到羞辱。因此，当我这样给他们上课时，他们感到这不仅是公正地对待他们，而且抵偿了他们过去受到的羞辱，还能使他们在社会生活中提升自己。无论怎样，长期的经验告诉我，这是对这件事情的正确解释。我发现，儿童具有强烈的个人尊严感。成人从未能意识到儿童的心灵是很容易受到伤害和遭到压抑的。

那天的事情没有到此结束。当我正要离开学校时，这些儿童开始呼喊起来："谢谢您，谢谢您给我们上的这一课！"当我走出学校时，他们跟在我后面一直走到街上，沿着人行道排列成一支队伍，静悄悄地走，直到我最后对他们说："你们回去吧，走路小心，不要撞到墙角。"这时，他们转过身，飞一般地在学校的门背后消失了。确实，我触及了这些贫困家庭年幼儿童的社会尊严感。

有一天，我们接到通知，有一个重要人物要单独跟这些儿童在一起， 162

以便能够对他们进行观察。我一再叮嘱教师：“到时，让一切听其自然。”然后，我又对儿童说：“明天，将有一位客人来访，我多么希望这位客人会认为你们是世界上最好的孩子啊。”后来，我问这位教师这次访问进行得如何。她回答说：“这是一次巨大的成功。有几个儿童给这位客人准备了一把座椅，并且很有礼貌地说：‘请坐。’其他儿童说：‘早晨好。’当这位客人要离开时，他们都把身子探出窗外喊道：‘谢谢您的来访，再见！’”我问这位教师：“你为什么要教他们这样呢？我不是告诉过你不要做任何特别的事情，要让一切听其自然。”她回答说：“我没有跟孩子讲任何事情。那是他们自己这样做的。”她又补充说：“我甚至不能相信自己的眼睛，我对自己说肯定是天使激励着他们。”然后，她又继续告诉我，儿童比平时更勤奋地进行他们的工作，每一个儿童都在进行不同的工作，所有工作都进行得很平静，使这位来访者真正受到了感动。

很长一段时间，我对这位教师所说的话有点疑惑。我担心她对这些儿童进行了准备或排练，于是我再次向她询问这件事情。但是，最后我认识到，儿童已经有了他们自己的**尊严感**，他们知道如何去进行他们的工作以及如何真诚热情地接待来访者。他们尊重自己的客人，为能够向客人展现自己最好的一面而感到自豪。我曾对他们说过：“我希望你们的客人会认为你们
163 是世界上最好的孩子。”但可以肯定，并不是我说的话使他们这样去做。无论何时，当我对他们说“将有一位客人来访”，这就等于宣布客人已到了大厅。对这些具有尊严感和富于自信的儿童来说，他们总是乐意在他们的小世界中接待来访的客人，而不愿意去休息。

于是，我懂得了有些事情是很简单而又几乎是神奇的。**这些儿童已没有过去的羞怯**。在他们的心灵与他们的周围环境之间，已不存在任何障碍。他们的生命得到了充分和自然的展现，就像莲花伸展开白色花瓣接受阳光

的哺育，散发出芬芳的花香。在儿童的发展道路上，他们没有什么可以隐藏，没有什么感到恐惧，没有什么需要回避。事情就是这么简单。我们可以说，其原因就在于他们能够迅速而完美地适应他们的环境。

这些儿童工作时的心理是机灵的和活泼的，但又是从容的和轻松的，不时散发出一种精神的火花和温暖，融化那些与他们接触的成人的心灵。他们欢迎所有给他们带来关爱的人。因此，那些重要的人士开始访问“儿童之家”，并获得了一种新的和令人振奋的印象，这些儿童也成为一种引人关注的社会生活中心。人们好奇地看到，一些普通来访者在参观后难以掩饰他们的兴奋心情。例如，一些女士衣着华丽，佩戴着珠宝，似乎她们去出席一个招待会，但当她们看到如此有活力的、天真的和谦卑的儿童时，她们不仅表示欣喜，而且大加赞美；当她们听到年幼儿童向来访的客人致欢迎词时，她们感到很高兴。这些儿童抚摸着女士们华丽的衣服，拉住她 164
们纤细芳香的手。有一次，一个小男孩走到一位居丧的女士面前，把自己的小脑袋靠着她的身上，然后把她的一只手放在自己的双手中间，以表示哀悼。这位女士后来非常动情地说，没有一个人像这个儿童那样给她如此大的安慰。

纪律

尽管儿童在行为举止上是自由自在的，但总的看来，他们给人的印象是非常有纪律性的。他们安静地工作，每个人都专注于自己的工作。当他们取出或放回所使用的教具时，都安静地走来走去。他们会离开教室，到院子里去张望一下，然后又回来。对教师提出的要求，他们完成的速度快得惊人。这位教师告诉我：“儿童非常愿意按照我所说的去做，以至于我开始感到要对我所说的每一句话负责。”如果教师要求儿童进行安静练习，那事实上，在她提出要求之前，他们就已经一动不动了。“现在，我们将保持……”除这种表面的服从外，儿童知道如何按他们自己的想法独立行动，安排他们的时间和一天的活动。他们拿取自己工作所需要的教具，并把教室整理干净。如果教师来迟一点或出去一会儿而让儿童单独留在教室中，一切仍都会很好地进行。秩序和自律结合在一起，这就是最吸引来访者的地方。

165 儿童在极为安静中表现出这种自律，同时这种服从使儿童准备去做告诉他们要做的工作，其原因是什么呢？当儿童进行工作时，教室中十分安静，这是完美的和感人的。没有人强迫儿童形成这种安静的气氛，更没有人能通过外在手段获得这种安静的气氛。这些儿童找到了他们的运行轨迹，就像星星一样不停地运行和周期性地闪闪发光吗？当然，《圣经》里的话能够适用于这样的儿童：“星星在夜晚欣喜地闪闪发光；它们受到了召唤，它们说：‘我们在这里。’它们怀着喜悦心情向造就自己的他闪烁光芒。”这种自然规律似乎超越它周围的环境，并表现为支配世界的宇宙规律的一部分。谈到这样的规律，先知说人已失去了一些东西。“年轻人已经看到黎明，并居住在地球上，但他们并不知道规律运行的方式。”人们具有这种印象，即这种自然规律肯定为所有其他形式的规律——如社会生活的规律——提供了基础，其他形式的规律都是由外部的和直接的重要性决定的。事实上，对激起最大兴趣和提供最多营养的一件事情进行思考，仿佛就是因为它自身含有某些神秘的东西，这就是只有在秩序和纪律紧密结合的基础上才能有自
166 由的事实。

有一天，意大利总理的女儿陪同阿根廷共和国大使来参观“儿童之家”。这位大使提出，对他的访问不要预先通知，这样就可以更确切地证实他早有耳闻的儿童**自发纪律**情况。但是，当他们一行到达学校时，才知道因为是假日学校不开门。当时，在院子里有一些儿童，他们马上走过来，其中

一个儿童很自然地说："今天是假日，没有关系，我们都住在这幢公寓里，门卫有钥匙。"于是，这些儿童开始跑到各处去叫他们的小伙伴。在学校门打开后，他们都坐下来进行工作。他们令人惊讶的自发行动毫无疑问地得到了证实。

儿童的母亲们已经意识到这样的事实。可以想象，当包括意大利国王和王后以及一些著名人士在内的访问者来到院子里看望她们的孩子时，这些住在公寓里的家庭是多么惊讶。她们以前从未见过这样的场面。她们经常会告诉我在她们自己家里所发生的事情。她们告诉我说："这些三四岁的小孩，如果不是我们的小孩，那他们所说的话会使我们恼火的。例如，'你的手多脏啊，该洗一洗了。你应该洗掉衣服上的那些污渍'。当我们听到孩子说这些话时，我们并不恼火，但又仿佛在梦中。"如今的实际情况是，所有这些从事劳动的人们变得更清洁和更整齐了。破碎的锅罐开始从他们的窗台上消失；擦干净的窗户玻璃在阳光下闪闪发亮；院子花坛中的天竺葵 167
也盛开了。但是，给人印象最深的事实是，一些贫困家庭妇女经常把天竺葵放在学校的窗台上和地板上，并把她们烧煮的一些特别受人喜爱的菜肴送到教室里以表达自己的感激之情，还不让教师知道是谁做的。

书写

有一天，有两三位母亲作为代表来找我，要求我教她们孩子阅读和书写。这些妇女自己都是文盲。当时我反对这样做，感到这样的一件事情超出了我原先的设想，但她们一再恳求我。

于是，最令人惊讶的事情发生了。我教这些四五岁儿童的是一些字母。我让一位教师用硬纸板剪出这些字母，我自己也有一些是用发亮的砂纸剪出的字母。这样，儿童既可以用手指在上面顺着字形写，又可以感知它们的形状。我把这些字母排列在纸板上，把形状相似的字母归在一起，使得儿童在触摸这些字母时，他们的小手就会顺着字形进行有点相似的描摹动作。这位教师赞成这种想法，把所教的内容保持在这个共同的和最初的起点上。

我不能理解这些儿童为什么如此激动：他们把这些字母像旗帜一样高举起来，列队绕圈行走，并欣喜地高呼着。这是为什么呢？有一天，我惊讶地看到一个小男孩独自一个人在行走，口中不断地重复说：“要拼‘sofia’这个词，你要有一个‘S’、一个‘O’、一个‘F’、一个‘I’和一个‘A’。”他重复拼这个词的那些字母的发音。实际上，他是在对自己头脑中的一个词进行研究和分析，并寻找组成这个词的语音。依靠对探究的浓厚兴趣，
168 这个儿童终于发现，这些语音中的每一个语音都对应着一个字母。事实上，很多词的拼音不就是语音和符号之间的对应吗？口头语言本身就是说话，书面语言仅仅是逐字把语音转变成确实可见的符号。所有字母书写的进步都基于口头和书面这两种语言可以平行演化的观点。书面语言最初是从与其相应的口头语言中提炼出来的，就像滴水汇成江河一样。最终，它们汇成了一条具有特色的溪流：字词和话语。

这里有一个真正的秘密，那就是，书写对字词和说话两方面都有好处。它使手几乎潜意识地掌握一种与说话同样重要的技能，并创造能够完全精确地反映口头语言的另一种语言，即书面语言。因此，手和脑都是书写的受益者。手提供了一种新的动力，就像变成瀑布的一滴水一样。整个语言逐渐具有了它的书面形式，因为它是由一个一个语音组成的一条溪流、一个瀑布。

作为文字发展的一种自然结果，书写的出现是合乎逻辑的。为此，手肯定具有描摹的能力。一般来说，这些字母符号是很容易描摹的，因为它

们仅仅代表特定的语音。但是，在“儿童之家”里所发生的那些令人惊讶的事情完全出乎我的意料，在这之前我从未想到过。

有一天，一个儿童开始学习书写。他是那么惊奇，以至于大声喊叫：“我 169
会写字了!我会写字了！”其他儿童很有兴趣地围上去，看着他用粉笔写在地板上的那些字。“我也会!我也会！”他们叫嚷着跑去找写字的工具。一些儿童拥挤在一块黑板的周围，其他儿童就趴在地板上。他们都开始学习书写，就像**一次爆炸**一样。这种不知疲倦的活动就像一股洪流那样势不可挡。他们到处写——门上，墙上，甚至面包上。这些儿童只有四岁左右，他们的书写才能的显露是一个完全没有意料到的结果。例如，这位教师就告诉我：“这个孩子是从昨天下午三点开始学习书写的。”

我们感到，我们仿佛目睹了一个奇迹的出现。许多人听说所发生的事情，就给我们送来一些精美的图画书。当我们把这些图画书分发给儿童时，他们的态度很冷淡。这些图画书中有精美的插图，但这些东西只会使儿童分心，而不能全神贯注于书写这个新的和有吸引力的工作。因为他们这时是要写字而不是要看图片。也许这些儿童以前从未见到过书，但之后很长时间我们一直试图激起他们对书的兴趣。要使他们理解阅读的含义，那更是不可能的。因此，我们就撇开这些书，等待一个更合适的时机。儿童甚至没有读过自己手写的字，更少读别人所写的字，实际上他们似乎还不能
读出这些字。当我大声读出他们所写的字时，很多儿童转过脸来吃惊地看 170
着我，他们似乎在问：“你是怎么知道的？”

阅读

大约六个月后，儿童开始理解所阅读的字的含义。他们之所以能够取得这种进步，只是因为把阅读和书写结合起来了。当我在一张纸上描字时，

他们都注视着我的手，认识到我正在表达我的思想，好像我正在说话。当他们清楚地认识到这一点后，就开始拿起我写过字的那张纸，走到角落里并试图读这些字。他们只是默读，并没发出声音来。一个儿童由于尽力思考而皱起的小脸上突然露出了笑容，并高兴地蹦跳起来，仿佛隐藏在他们体内原来紧压的弹簧突然松开了。于是，他们就开始阅读起来。这个情景告诉我，他们已经读懂我所写的这些字了。因为我所写的每一句话都是一个命令，例如，我曾经用口头语言表达过的“开窗”“靠拢我”，等等。这就是儿童阅读的开始。不久，他们就能阅读含有复杂命令的长句子。但是，这些儿童似乎仅仅把书面语言理解成表达自己思想的另一种方式，就像口头语言一样，意味着人与人之间直接进行交流的一种方式。

事实上，当访问者来访时，许多以前用口头方式致欢迎词的儿童现在
171 保持安静。他们会站起来，在黑板上写：“请坐，谢谢你们的来访。”有一天，我们谈起西西里岛所发生的那场可怕的灾难：一场大地震彻底毁坏了墨西拿城（Messina）[①]，造成数十万人死亡。这时，一个大约五岁的儿童站起来，走到黑板前写：“我感到遗憾……”我们注视着他，估计他将会用口头方式对所发生的事情表示悲哀。但他继续写下去：“我为自己是一个小孩感到遗憾。”这似乎是一种奇怪的自我中心的反应。但这个小家伙又接下去写：“如果我是大人，我会去帮助的。”这个儿童已经写出了一篇小文章，并表达了他内心的善良。他母亲只是依靠在街上卖草药维持生计。

后来，还发生了一件更令人惊讶的事情。当我们准备一些教材教儿童辨认印刷体字母，以便他能够再一次阅读这些书时，这些儿童已开始阅读在学校中所能发现的印刷体字母。有些字母很难辨认，例如日历上的字母，

① 墨西拿城，意大利西西里岛东北端的城市，1908年全城为大地震所毁。——译者注

因为那是用哥特体[1]印刷的。与此同时，这些儿童的父母告诉我们，孩子在街上会停下来读商店招牌上的字母，因此，外出时跟孩子一起走路是不行的。显然，这些儿童感兴趣的是认识这些字母，而不是读这些句子。他们希望学习另一种书写方式，并通过理解这些字词的含义来做到这一点。这是一个直觉的过程，就像成人辨认刻在岩石上的史前文字符号一样。成人知道那些文字符号的含义，那就证明他们已经正确辨认出那些文字符号。儿童对任何印刷体的即刻和强烈的兴趣，同样源于这样的一种动机。 172

如果过于匆忙地对儿童解释这些印刷符号，那我们就可能扼杀他们探究的兴趣和渴望。过早地强求儿童通过图书来识字，对他们是没有帮助的。展现这些并不很重要的东西，反而会削弱他们充满活力的心理能量。因此，在很长一段时间里，这些图画书一直收藏在橱柜里。只是到后来，儿童才接触这些书。那是以一种很有趣的方式开始的。有一天，一个儿童很兴奋地到学校里来，他手中捏着一张已揉皱的纸，悄悄地对他的一位同伴说：“你猜这张纸上有什么东西。”“什么也没有。它只是一张纸。”“不，这张纸上有一个故事。”“上面有一个故事？”这立刻吸引了其他感到好奇的儿童。这个儿童拿着这张从书上散落下来的纸，开始读起来，读那个故事。

那些书啊！儿童最后理解了书的重要意义，书也就成了他们迫切需要的东西。然而，当他们在书上发现一个有趣的故事时，许多儿童会把这一页撕下来带走。那些可怜的书啊！书的价值的发现确实是令人震惊的。书遭到人为破坏的情况的发生，使往常平静的学校秩序变得混乱起来，因此，我们必须管住那些由于渴望阅读和单纯因为爱而搞破坏的小手。其实在他们学会阅读书和尊重书之前，这些儿童在我们的帮助下已经学会正确地拼 173

① 哥特体，中世纪北欧国家流行的字体。——译者注

写，并能与小学三年级学生相媲美。

身体健康

儿童在学校的这段时间里，我们没有做任何事情去改善他们的身体健康状况。但是，现在没有一个人能从他们红润的脸蛋和机灵的眼神中看出，他们曾经是那么迫切需要食物、滋养以及医疗护理的营养不良和贫血的儿童。他们的身体健康，好像是通过呼吸新鲜空气和晒日光浴而得到的。

事实上，如果说心理的压抑会影响一个人的新陈代谢并因而降低了其活力的话，那可以肯定，也会发生相反的情况，那就是，富有激励作用的心理体验能够增强新陈代谢的机能，并因而促进一个人的身体健康。我们对“儿童之家”的这些儿童所做的工作，就证明了这一点。现在，这个事实在人们看来已经很平常了，但在当时曾引起了很大的轰动。

所有这一切使人们谈论着“奇迹”，最有说服力的是，关于这些创造奇迹的儿童的报道迅速地在全世界得到了传播。出版界出版了有关他们的书籍，甚至出版了富于灵感的小说。虽然这些作者正确地描述他们所看到的情况，但他们仿佛是在描绘一个未被发现的世界。人们谈论对人类心理的发现，谈论“奇迹”，他们还引用这些儿童的谈话。最近出版了一本有关“儿童之家”的英文本书籍，书名为《新儿童》（*New Children*）。许多来自遥远国家的人，尤其是美国人，来到这里以证实那些令人惊讶的事实。我们的儿童可以很好
174 地复述在第一所“儿童之家”开幕的那天（1月6日主显节）在教堂里所读的《圣经》里的那句话：“请抬起你的眼睛看看四周，所有的人都汇集在一起：他们来到你身边……在大海的彼岸，更多的人将向往着你。”

第三章　正常化发展

教育原则的确立

对一些事情和印象的简要描述将阐明“方法”问题。那么，通过什么 175
方法才能获得这样的结果呢？下面就是我对这个问题的看法。

人们并没有看到方法，看到的只是儿童。人们可以看到，没有障碍和约束的儿童心灵在依据它的真正的天性去活动。我们所窥见的那些童年时期特征完全是儿童生命的一部分，就像鸟的色彩、花朵的芳香一样。它们根本不是任何“教育方法”的结果。然而，很明显，儿童的自然天性会受到教育的影响，因为教育试图采用一种帮助儿童自然天性发展的方式去保护儿童和培育儿童。甚至在带有其自然色彩和芳香的花朵上，人们可以通过种植工艺的影响，既能保证花朵某些特性的展现，也能使其自然展现出的特性在力和美的方面有所发展。

现在，在“儿童之家”里出现的那种现象就是儿童的天赋的心理特征。
这些心理特征没有植物的自然生物特征那样明显，因为儿童的心理活动是
易变的，以至于在一个不适宜的环境中它的特征会完全消失，并被其他的
特征所替代。所以，在讨论教育发展之前，必须创造一个适宜的环境，这 176
个环境将有助于儿童那些正常的和隐藏的特征的展现。要实现这一目的，
最需要的是在儿童的环境中消除障碍，这是教育的出发点和基础。因此，
问题不仅仅是儿童的现有特征的展现，而是首先要发现儿童的天性。只有
这样，才有可能促进儿童的正常发展。

如果探究那些偶然引起儿童正常特征展现的最初条件，我们可以看到有几个条件是特别重要的。其中，第一个条件是，为儿童提供一个愉快的环境，在那里儿童没有任何压抑。那些贫困家庭儿童会发现，他们的新环境是令人愉悦的——整洁白色的教室，特地为他们制作的新的小桌子、小凳子和小扶手椅，以及阳光明媚的院子里的小草坪。

第二个条件是，成人的**被动**角色。这些儿童的父母都是文盲，他们的教师没有通常学校教师的傲慢和偏见。这样的情况就导致了一种“理智的镇静”。人们早就认识到教师必须镇静，但这种镇静往往被认为是一种神经质性格。但是，一种更深沉的镇静是一种无杂念的、完美的和无阻碍的状态，它产生一种内在的清晰、一种来自理智感情的自由。这样的一种近似理智纯洁的状态是阿西西（Assisi）[①]的圣方济各曾经感受过的，却与愚昧无知混淆起来了；但是，它是一种倾向于**精神启示**的心理状态，是向神的启
177 示开放的。与这相似的**精神谦卑**也许是理解儿童所必不可少的条件，所以，这应该是教师准备的最必要的部分。

还有一个重要的条件是，给儿童提供合适的、有吸引力的和科学的感官教具，以便进行感官训练。儿童能够运用这种具有严密结构的教具，并能够进行分析和改进。所有这些教具达到了这样的程度，以至于能够激起儿童集中他们的注意力。这绝不是通过教师的口头讲授就能做到的，因为教师的口头讲授只是从外部激发儿童的力量。

迄今为止，我们有一个适宜的环境、谦卑的教师和科学的教具。这是我们的教育方法的三个外部条件。

现在，让我们试图发现一些儿童的表现。最令人惊讶的表现是，儿童

---

① 阿西西，意大利翁布里亚区一城镇。以圣方济各的诞生地而闻名（1183）。——译者注

连续专注于一种单一的工作、一种使用外在物体的练习。这种在心理指导下的手的运动几乎像用一根魔杖叩开了展现儿童正常化特征之门。我们发现，儿童正常化特征的展现显然来自一种内在冲动，就像“重复练习”和“自由选择”一样。这是真正的儿童所进行的活动，带着热情和愉悦，毫不疲倦，因为他的活动就像一种心理的新陈代谢。这种心理的新陈代谢是与他的生命，也就是与他的发展紧密相连的。于是，儿童自己的选择成为他 178
的指导原则。他热情地对诸如安静练习一类的训练做出反应；他喜爱一些能为他打开一条通向荣誉和正义的道路的手段；他急切地想学会使用那些能使他的心理发展的教具。然而，他厌恶诸如奖品、玩具和糖果之类的其他东西。他还向我们展现，秩序和纪律是他所关心的内在需要和活力表现。但是，他是一个真正的儿童，充满朝气、天真、欢乐、可爱，高兴时呼喊着、拍着手到处奔跑，热情地迎接客人，用呼唤和追随来表示感谢。他友善地对待所有人，爱好所有事物，使他自己适应一切。

因此，我们可以把儿童自己选择的一些事情和他的自发表现列出一张单子。同时，我们还可以加上那些他们所拒绝的事情，这些事情在他们看来是浪费时间的。

第一项，儿童喜欢的事情：

个人工作

重复练习

自由选择

控制错误

运动分析

安静练习

社会交往的良好行为

环境秩序

个人整洁

感官训练

书写

阅读

复述

自由活动中的纪律

第二项，儿童抵制的事情：

奖励和惩罚

识字课本

共同的课程

教学计划和考试

玩具和糖果

教师的讲台

179 无疑，从这两张单子中，我们可以发现一种教育方法的轮廓。总之，儿童自己已为一种教育方法的构建提供了实际和明确的甚至可以说已得到实验证明的路线。在这种教育方法中，儿童自己的选择是教育方法形成的指导，他对行动的强烈渴望可以控制错误。

实际上，人们惊讶地认识到，长期的实践经验在一种真正的教育方法的构建中起着作用，这些最初的原则被完整地保留了下来。它使我们联想起脊椎动物的胚胎，在这种胚胎中我们可以看到将来会变成脊椎的一条模糊的线。这是一种真正的没有物质图像的设计，后来将进化成脊椎。我们可以做进一步比较。这种胚胎本身分成了三个部分——头部、胸部和腹部。于是，一些点渐渐地跟随一种有次序的进化，最后通过固化而成为脊椎。

同样，我们的教育方法的基本轮廓也是具有基本路线的一个整体，包括三个基本要素——环境、教师以及儿童所使用的各种教具。它具有一些专门的特征，这些特征就像脊椎一样会渐渐地进化。

一步一步地追踪这种教育方法的基本轮廓的变化是很有趣的。在人类社会中，最初的工作是受儿童指导的。这表明了那些原则的变化，它们最初的表现被认为是一些从未被想到的新发现。这种特殊的教育方法的不断发展最好被看作一种演进，因为其中新的东西来自生命，而生命的发展是依靠它的环境的。然而，这个环境是某种特殊的东西，因为它虽然是由成 180
人提供的，但它是对通过儿童生命发展所展现的新方式的一种积极的和有活力的反应。

这种教育方法非常迅速地被应用于为所有社会条件的儿童甚至所有种族的儿童所设立的学校，从而扩展了我们的经验，使我们能够看到在共同特征和普遍趋势之外所存在的所有问题。因此，我们可以说，**自然法则**应该作为教育的首要基础。

特别有趣的是，仿效第一所“儿童之家”而开办的那些学校采用了同样的原则，即在还没有准备好明确的外部教育方法之前，等待儿童的自发表现。

遭受不幸的儿童

在罗马的第一批开办的“儿童之家”中，从其中一所“儿童之家”可以发现一个令人感动和值得赞美的例子。这所“儿童之家”的情况与我们第一所“儿童之家”是不同的，因为它的开办是为了照管在墨西拿地震（意大利历史上最大的灾难之一）中幸存下来的那些孤儿。在墨西拿城的废墟中，发现了约60个幸运地活下来的儿童。没有人知道他们的姓名或他们的社会背景。那场可怕的地震使他们都变得麻木、沉默和忧愁，他们难以进食和睡眠。在夜晚，可以听到他们大声叫喊和哭泣。

181 意大利皇后对这些不幸的儿童极为关心，为他们提供了一个令人欢乐的场所。在他们的新家里，布置着适宜于他们使用的各种色彩鲜艳的小家具，其中包括小橱柜、小圆桌、稍高的长方形桌子、立式小凳和小扶手椅。窗户都悬挂着漂亮的窗帘。餐具设施也是特别引人注目的，有供儿童使用的小刀叉、小汤匙 、小盘子、小餐巾，甚至肥皂和毛巾的大小也跟他们的小手相适应。在每件东西上，都有一个精美的装饰。教室墙上挂着一些图画，四周摆着一些花瓶。被用来安置这些不幸儿童的场所是圣方济各会的一个修道院，有着宽敞的花园、宽阔的走道、金鱼池和鸽房。在这种环境里，身着灰长袍并罩着庄严的长头巾的修女平静地生活。

这些修女教儿童要有良好的行为举止，并使他们的行为举止细节逐一得到改善。在这些修女中，许多人出身贵族。这些人在以前的生活中坚守上层社会的最严苛的行为习惯，也会回忆起所能想到的任何细节，因为儿童对这些行为习惯的追求似乎是永不满足的。儿童既学习像王子一样用餐，也学习像最好的侍从一样在桌旁服侍。对他们有吸引力的不再是餐食，而是用餐时正确的行为习惯，他们把这作为一种克制自己行为的练习。通过新知识的充实，儿童的食欲渐渐地得到恢复，晚上也能很快地入睡了。在这些儿童身上所发生的变化，确实给人们留下了深刻的印象。人们可以看到，他们到处奔跑和跳跃，或把东西提到花园去，或把房间里的家具搬到树下，
182 既没有损坏任何东西，也没有碰撞任何东西。在整个过程中，儿童的脸上始终呈现出兴奋和欢乐的表情。

这里，第一次使用了“皈依”（conversion）这个词。作为当时意大利最著名作家的一位女士评论说：“这些儿童使我想起了皈依。再也没有比克

服忧愁和沮丧并使生命升华到更高层次的皈依更令人惊叹的了。”尽管这是一种有点矛盾的表述，但这个表述给许多人难以解释但又留下深刻印象的现象赋予了一种精神形式，使许多人受到了触动，“皈依”这个词因而流行了很长时间。“皈依”的思想似乎是跟童年时期的天真状态相对立的。但是，这个词意味着一种精神变化，通过这种精神变化儿童摆脱了悲伤和孤苦，而重新快乐起来。像夜晚一样的放任和悲伤消失了，取而代之的是像黎明一样的欢乐和纯洁。实际上，欢乐和纯洁这两样东西被隐含在圣灵的礼物之中，它们被称为“最高的安慰”“可爱的更新”“在劳动中得到休息”“在悲叹中得到慰藉”。他（上帝）涤除邪恶，浇灌干涸，抚平伤痛，开化顽固，教化恶人，赋予人们永远的健康和快乐。他对人的恩惠无所不在，他让人不再受到伤害。[①] 183

确实，这就是在我们的儿童身上所发生的转变。他们从悲伤的状态转变为欢乐的状态。他们克服了许多通常被认为是难以纠正的缺点，但随之而来的是，某些通常被看作优点的特征也消失了。因此，这些儿童带来了一种令人感到迷惑的更新。他们用一种不可思议的方式表明，人的每一件事情都已经错了，那就必须对每一件事情进行更新。对于这种更新来说，只有一条道路——回到创造性能量的唯一源泉。如果没有这种复杂的表现，那我们学校里的这些非正常状态的儿童就不可能区别儿童特征上的善和恶，因为这在成人心里早已确定了，那就是：对儿童的善与恶的判断是依据他 184
对成人生活环境的适应，而不是相反。正是由于这种错误的判断，儿童的自然特征被掩盖了。真实的儿童消失了，他在成人世界中完全是一个未知的陌生人。无论善还是恶，都会使儿童被隐藏起来。

① 摘自《圣灵降临节继叙经》（*The Whitsun Sequence*）。——英文本译者注//继叙经，指天主教弥撒中在哈里路亚和福音之间的诵唱。——译者注

富裕家庭的儿童

生活在不正常的社会状态下的另一类儿童是富裕家庭儿童。人们可能会认为，教他们肯定比教我们第一所“儿童之家”的贫困家庭儿童或墨西拿地震中幸存下来的孤儿要容易得多。那么，他们到底是如何“皈依”的呢？正如他们的家庭一样，富裕家庭儿童被社会所提供的优越环境所包围，似乎是享有特权的。但是，只要引证在我们学校里工作过的欧洲和美国一些教师的经验，就足以说明问题了。这些教师给我谈了他们最初的印象，并讲述了他们所遇到的困难。

尽管富裕家庭儿童的居住环境豪华，有盛开的鲜花，但这对他们没有
185 吸引力。花园小径对他们没有诱惑力。在儿童和教具之间也没有建立联系。这些儿童并没有像教师所希望的那样，使他们自己投身于她提供的东西以及迫切地从中选择他们喜欢的东西，教师对此感到不知所措。在那些为贫困家庭儿童开设的学校里，这种情况是很少见的。但是，富裕家庭儿童早已玩腻了每一样东西和精致的玩具，因而很少见到他们对提供的刺激物做出反应。

一位美国教师G小姐从华盛顿给我写信说：“这些儿童互相抢夺那些教具。如果我试图拿某个教具给一个儿童看，其他儿童就会丢掉他们手中的教具，吵吵闹闹和毫无目的地围着我。当我对一个教具的讲解刚结束时，他们全都会围过来抢夺这个教具。这些儿童对各种各样教具并没有表现出兴趣。他们随意地从一个教具转到另一个教具，而不会专注于任何一个教具。有一个儿童喜欢走来走去，以致他坐在那里的时间不足以他用手摸遍提供给他的那些教具。在许多情况下，这些儿童的运动是没有目的的，只会满房间地奔跑，毫不关心值得注意的东西。在运动时，他们碰撞桌子，掀翻

椅子，踩在为他们提供的教具上。有时候，他们开始在一个地方工作，然后就跑到另一个地方去拿另一个教具，但接着又随意地把它丢掉了。”

D小姐从巴黎给我写信说:“我必须承认，我的经历实在是令人沮丧的。儿童对任何工作的专注都不会超过一分钟。他们没有主动性，也没有持久 186
性。他们常常相互跟来跟去,就像一群羊一样。当一个儿童拿着某个教具时，其他儿童也要这个教具。有时候，他们甚至在地板上打滚而把椅子弄翻。”

下面的简短描述来自罗马的一所富裕家庭儿童的学校：“我们主要关心的事情是纪律。因为这些儿童在工作时是乱糟糟的，没有目标，而且拒绝接受指导。”

下面是对儿童纪律情况的一些描述。

G小姐继续写她在华盛顿工作的经历：“几天后，这个旋转粒子的星云群（不遵守秩序的儿童）开始呈现出一种确定的形状。儿童似乎开始找到了自己的方向。他们开始对许多原来不屑一顾的东西（如玩具）产生了兴趣。作为这种新的兴趣的结果，他们开始作为独立的个人，即很有个性的人而行动。于是，发生了这种情况：一个能吸引某个儿童全部注意力的东西对另一个儿童来说毫无吸引力；这些儿童已经开始关注他们各自感兴趣的东西。”

“只有当一个儿童找到了*能自发地激起他强烈兴趣*的一些东西、一些特别的教具时，我们才真正赢得了这场战斗。有时候，儿童的这种热情是以神奇的速度突然产生的。有一次，我试图用学校中几乎所有不同的教具来激发一个儿童的兴趣，但丝毫没有引起他的注意力。然而，偶然有一次，我给他两块写字板，一块红色，一块蓝色，要他注意这两种颜色的差别。他立刻伸出手来急迫地拿它们。在这堂课里，他认识了五种颜色。在随后 187
的几天里，他拿起了所有过去他不屑一顾的各种教具，逐渐地变得对所有教具都感兴趣了。”

“有一个儿童，他的注意力最初只能维持很短的时间。后来，由于他对所使用的一个称为‘长度’的最复杂的教具产生兴趣，就摆脱了这种紊乱的状态。整整一个星期，他不断地使用这个教具，最后学会了如何数数和做简单的加法。之后，他又开始用那些较简单的教具（如圆柱体、金属嵌块）进行工作，变得对这个教育体系中的各种教具都产生了兴趣。”

“一旦儿童发现了某个使他们感兴趣的教具，无序的情况就消失了，他们恍惚不定的心理就能稳定下来。”

同一位教师还对激发儿童个性的例子作了下面的描述：“有一对姐妹，一个三岁，另一个五岁。这个三岁女孩根本没有自己的个性，在所有事情上都仿效她的姐姐。如果姐姐有一支蓝色铅笔，妹妹就会不高兴，直到她也有一支蓝色铅笔为止；如果姐姐吃黄油面包，妹妹也坚持要吃黄油面包，等等。她对学校中任何事情都不感兴趣，只会到处跟随着她姐姐，模仿姐姐所做的每一件事情。然而，有一天，她变得对红色立方体感兴趣了。她搭建了一座城堡，对此产生了强烈的兴趣。她多次重复这个练习，完全忘记了她姐姐。这使她姐姐感到如此不解，以至于喊住她问道：‘为什么我在
188 搭圆圈时，你却在搭一座城堡？’正是从那天起，这个小女孩展现了她自己的个性，并开始得到自我发展，不再仅仅是她姐姐的一个影子。”

D小姐描述了一个四岁女孩。这个女孩根本做不到端一杯水而不使水溅出来，即使这个杯子只有半杯水也不行。所以，她尽可能避免做这种事情。但是，在她成功地完成了自己感兴趣的另一个练习之后，她开始能毫无困难地拿几杯水。当她的一些同伴画水彩画时，她给他们送水，能够做到不溅出一滴水。”

一位澳大利亚教师B小姐给我们讲了另一个很有趣的事情。在B小姐的学校里，有一个小女孩还不会讲话，只能简单地发一些模糊的音节。所以，

她父母把她带到一位医生那里去检查她是否智力不正常。有一天，这位小女孩对立体嵌入物感兴趣了，就用大量的时间把那些小的木制圆柱体从它们的嵌孔里取出来，然后再把它们放回去。在她以最强烈的兴趣一遍又一遍地重复这样做之后，她跑到教师面前说："你来看呀！"B小姐还说到了儿童在他们的工作中的欢乐。"当我们制作出一些确实新的东西时，我们感到自豪，儿童同样会表现出自豪。当儿童学会做一些非常简单的事情时，他们会在我身边手舞足蹈，并伸出他们的手臂勾住我的脖子，而且他们会告诉我：'这 189
全是我自己做的。你没想到我会做吧！今天我做得比昨天更好。'"

D小姐在信中还写道："在圣诞节之后，这个班发生了巨大的变化。我没有进行任何干预，秩序好像是儿童自己建立起来的。这些儿童似乎陶醉在他们的工作中，不再像以前那样杂乱无序地工作。他们自己走到橱柜那里，选择他们以前似乎感到厌烦的那些教具，并相继拿取它们，没有表现出丝毫疲倦的样子。因此，在班上已经形成了一种工作的气氛。那些过去只是凭一时冲动去选择教具的儿童，现在表现出他们需要一种规则，一种个人的内在规则。他们把自己的精力集中在一些精确的和有序的工作上，并在克服困难时体验到一种真正的快乐。这种精确的工作对他们的性格产生了直接的效果。他们成为自己的主人。"

给D小姐印象最深刻的一个例子，是有关一个想象力异常丰富的四岁半的小男孩。这个小男孩的想象力如此活跃，以至于给他一个教具时，他并不注意它的形状，而是立即把它拟人化，同时也使他自己拟人化。他滔滔不绝地说话，无法把自己的注意力集中在那些教具上。由于他的心理是紊乱的，他在活动中的表现就很笨拙，例如，他甚至不能系一个纽扣。突然，某种奇迹在他身上发生了。D小姐写道："我在他身上看到发生了显著变化， 190
对此我惊讶不已。他把一个练习作为他自己最喜爱的工作，之后进行一个又一个其他练习。由此，他变得安静了。”

真正的正常化

在我们确定一种真正的方法之前，那些开办学校的教师提出的那些陈旧的和流行的观点几乎无休止地重复着，它们基本上是相同的。在所有明智的和慈爱的父母关注的幸福儿童的生活中，几乎都可以发现相似的事情和相似的困难。精神上的贫乏跟我们所说的物质上的富裕是相联系的，这就说明了为什么耶稣在山顶上讲的那句著名的话能在所有人的心中引起共鸣：“赐福给那些精神贫乏的人！赐福给那些悲哀的人！”

但是，所有人都受到了召唤，他们能够响应这个召唤，正在克服他们各自的困难。因而，被称之为“皈依”的现象属于童年。问题在于：这是一种迅速的、有时几乎是瞬息即逝的变化，都是由于同一原因而引起的。皈依使儿童的活动不集中在一个有趣的工作上，这样的例子我一个也举不出。各种各样的皈依就是这样产生的。神经质的儿童变得平静了；有压抑感的儿童重新获得了活力；所有儿童都共同沿着这条通过有工作和纪律得
191 到发展的道路继续前进。这种进步是通过内在能量而取得的。这种内在能量已找到一种释放方式，能在外部行动中表现出来。

这些突然出现的事实具有一种爆发的特征，它确实预示着儿童以后的发展，可以把它比作儿童有一天突然长出他的第一颗牙齿、说出他的第一句话或迈出他的第一步。此后，其他的牙齿将跟随第一颗牙齿而长出，说话将跟随着第一句话而出现，行走的技巧将跟随迈出的第一步而永久获得。然而，对所有儿童来说，对每一个社会环境中的儿童来说，发展已受到抑制，或者可以说，发展已被引入了一个错误的方向。因此，我们的“儿童之家”在世界各地的推广，将证明这种儿童的皈依是一个普遍的事实，对整个人

类来说是共同的现象。这说明将有可能进行一种详细的研究，从中可以发现儿童的许多独特的**品质**消失了，而总是被相同的品质所取代。于是，幼儿在生命早期不断形成的一些错误将会改变人的自然的心理类型，成为**各种心理偏离**的一个根源。

我们在儿童的皈依中注意到这个独特的事实，即皈依是一种心理治疗，使儿童回归到**正常的状态**。实际上，**正常儿童**是一个智慧早熟、已学会克制自我、平静地生活以及希望有序地工作而不愿无所事事的儿童。当我们通过许多实验的结果去看待这个事实时，我们可以更正确地把“皈依”称
为一种**正常化**。所以，人自身有一种隐藏的本性，即一种被掩藏的未知的 192
天性，然而，这种本性恰恰是人的真正天性，是造物主给予他的天性。

这种解释不会消除儿童皈依的现象，也许成人会以同样的方式皈依，但它是那么困难，以至于不能把这样的变化看作人的天性的一种简单回归。在儿童身上，正常的心理特征可以很容易地显现起来。到那时，所有不正常的心理特征都消失了，就像恢复健康之后疾病的所有征兆都消失了一样。如果我们用这种眼光去看待儿童的话，那我们就能更快地认识到，即使在一个不适宜的环境中，儿童的正常化也会自发地展现。虽然由于儿童的正常化未能得到认识和帮助，儿童的正常发展也会受到压制，但它仍然会作为生气勃勃的力量而在一些障碍中找到一个立足点,并去寻求胜利。可以说，儿童的正常能量给我们上了一堂如何宽恕的课，就像耶稣所说的：“你的宽恕将不是7次，而是77次。”于是，儿童的更深藏的天性不是7次而是77次显现出来，无论它怎样受到成人的压抑。所以，这不是儿童生活中的正常特征被忽视的一个偶然事件，而是儿童面对成人的不断压抑的一种不断的斗争。

第四章　儿童的心理畸变

心理畸变的原因

193 在对儿童那些随着正常化而消失的特征进行观察时，我们惊讶地发现，这些特征几乎包括童年时期的所有特征。在这些特征中，不仅有不整洁、不服从、懒散、贪婪、自我中心、爱争吵和顽皮，而且还有所谓的创造性想象、喜欢听故事、对别人的依恋、顺从、玩耍等。它们甚至还包括那些一直进行科学研究和被看作童年期特点的特征，例如，模仿、好奇、反复无常和注意力不集中。这表明，儿童的天性至今尚未被了解，真正的和正常的儿童天性被披上了伪装的外衣。一个更惊人的事实是，它是普遍的，但它并不是新的。自古以来，人已被认为具有双重天性。其一，人被认为是创造的；其二，人被认为是堕落的，它归咎于影响整个人类的一种最初的罪恶，即原罪。人们也认为，这种原罪在本质上是无关紧要的，与它的大量后果是完全不相应的，但是，它意指对创造精神的一种偏离，对在创造中所制定的规则的一种偏离。在这之后，人就像一只船漫无目的地到处漂流，受他的环境和他自己的心理幻觉所支配，因此，人就迷途了。这种
194 总结人生哲学的观念，有助于我们理解和阐释儿童的生活。儿童可能会被某个很微小的东西引入歧途。在成人关爱和帮助的伪装下，在成人毫不察觉的情况下，这种东西产生了作用。但是，它实际上归咎于成人的盲目，成人潜意识的自我中心确实对儿童产生一种恶魔般的影响。然而，儿童是通过不断更新而使自己充满生气和未被宠坏的，他自身具有决定人的发展

的完整形式。

如果儿童的正常化会产生这样的一种情况，即他能专注于一些使他与外界现实相联系的活动，那我们必须假设，儿童所有的心理畸变都源于一个事实，即儿童所采取有独创性的发展形式遇到了阻碍。在他的形成时期，儿童通过他的活动影响自己的环境，他的潜在能量会通过一种实体化过程而得到发展。

因此，如果我们能够把很多后果归于一个独特的、清晰的和简明的原因，那它证明了这样的一个事实：这些心理畸变肯定是源于人的生命的最初时期，人在那时还只是一个精神胚胎。但是，这个独特的难以察觉的原因会导致整个人的扭曲。

心理畸变的表现

心灵神游

“实体化”的观念可以作为解释心理畸变的特征的一种指导。所以，我们可以说，一种心理能量必须在运动中得到实体化，这样它才能统一这个 195
正在展现的人格。如果这种统一不能实现的话，无论由于成人占据了支配地位，还是由于儿童在环境中缺乏动力，心理能量和运动这两种东西就会各自发展，其结果是一个“人格分裂”的人。由于从本质上来说没有一样东西自身会被创造或被消灭，因此，儿童的心理能量不是按它应有的形式得到发展，就是沿着错误的方向发展。当这些心理能量失掉了它们的目的而随意漫游时，人就会处于空虚、呆滞和混乱的状态之中。心灵本身应该通过自发的运动来塑造，这样它才不会陷于幻想之中。当漂泊的心灵找不到其工作对象时，它就被图像和符号所吸引。就运动而论，那些充满活力的儿童从来不会待着不动，他们的运动是毫无目的地乱动。他们开始做一件事情，但尚未完成就丢下了，因为他们的心理能量经历过许多事情但又不确定某件事情。甚至在成人惩罚或容忍这些儿童的漫无目的和无休止的行动时，他们实际上是赞成和鼓励儿童的幻想，并把它解释为儿童心理的创造性倾向。众所周知，德国教育家福禄培尔（Friedrich W. A. Froebel）[①]发明了许多游戏和娱乐活动，目的在于鼓励儿童在这些活动中发展自己的
196 想象力。成人帮助儿童观察他自己用积木搭成的马、城堡或国王的御座。事实上，儿童的想象力可以给予任何物体一种象征性意义，这就在他心里产生了一种幻觉。一根枝条变成了一匹马，一张椅子变成了一个御座，一粒石子变成了一架飞机。儿童可以玩他们所得到的那些玩具，尽管这些玩具让儿童产生了各种幻觉，但未能为儿童提供与外界现实相联系的和富有实际意义的活动。玩具给儿童提供的环境并没有实用的目的，除了产生幻觉外，它并不能使儿童在精神上全神贯注，反而会使儿童的心理走上幻觉的歧途。玩具能激起儿童的活动，就像隐藏在余烬之下的微火冒出来的烟雾。但是，这种火焰不久就熄灭了，那个玩具很快也被扔掉了。对此，成人却认为，对儿童的智力活动来说，玩具是他表现智力的唯一东西，因而尽力给儿童提供玩具，并让他自由地玩玩具。

成人给儿童的自由仅仅在他的游戏上，或者可以说，仅仅在他的玩具上。他们相信，游戏和玩具构成一个使儿童感到幸福的世界。尽管儿童很快就会厌倦他的玩具并常常把它们搞坏，但这种信念还是继续存在着。当成人毫不吝惜地把玩具作为礼物送给儿童时，成人表现出他自己是仁慈的和慷慨的。玩玩具是成人世界赋予儿童（处于可崇敬的童年时期的人）的唯一自由，儿童应该在这个时期为一种更高尚的生活奠定基础。这种“人

---

① 福禄培尔（1782—1852），德国教育家，世界上第一所幼儿园的创立者。主要教育著作有《人的教育》（1826）、《幼儿园教育学》（1861）等。——译者注

格分裂”的儿童尤其在学校中被看作十分聪明的人，尽管他们是任性的、不遵守秩序的。但是，在我们专门准备的环境中，我们看到，这些儿童马上会使自己的精力集中在某些工作上。于是，他们的想入非非和坐立不安 197
的行为消失了，他们平静地面对现实，开始通过工作来完善自我，他们的正常化得到了实现。他们自己得到了内在心灵的引导，他们的运动器官马上摆脱了混乱，成为渴望了解和真正认识外界现实的智力工具。因此，对获取知识的努力已经替代了无目的的好奇心。

心理分析学家已经认识到想象和游戏的反常一面，并用一种睿智的解释把它们归于“心灵神游”。心灵神游是一种逃避，一种心烦意乱的逃避，常常是一种掩盖已与自然天性分离的心理能量的方式。心灵神游还代表了逃离苦难或危险的儿童自我的一种潜意识防御，而把自己隐藏在一个面具之后。

心理障碍

在学校里，教师注意到并非像人们所期望的那样，非常富于想象力的儿童就是班级中学习成绩最好的学生。事实上，他们有时似乎是一无所获的。尽管存在着这个事实，但没有一个人会怀疑这些儿童的心理已经发生了畸变。人们认为，一种巨大的创造性智慧使他们不能致力于实际事务。然而，事实清楚地表明，一个已经发生心理畸变的儿童最明显的标志就是**智力降低**，因为他不能控制自己的心理，也不能引导自己的心理得到充分的发展。 198
这种情况的发生，不仅使他的心理逃避到一个幻想世界之中，而且他在其他很多情况下的表现恰恰相反，智力或多或少受到压抑以及自信心也丧失了——取而代之的是逃避到封闭的自我之中。对一般儿童来说，他们的平均智力水平要比正常儿童低。由于他们的心理能量使用不当，他们就像发生骨折的儿童一样，要使身体恢复健康，就需要特殊的治疗。但是，这些儿童并没有得到精心的治疗，尽管这种治疗对医治他们的心理偏离和促进他们的智力发展是必需的。在智力的教学和不遵守秩序的纠正这两方面，通常的方法就是对儿童的直接干预。有一种心理现象是最有趣的，那就是：一个偏差的智力已失去了防御的能力，要用压抑的方式来纠正它是不可能的。这种防御并不是我们通常所看到的、其外部表现为违抗或固执的那种心理防御。相反，这是一种意志完全无法控制的心理防御，它会潜意识地阻碍儿童接受和理解来自外界的观念。

相似的是，这种现象被心理分析学家描述为“心理障碍”。教师应该认识到这个严重的问题。罩在儿童心理上的一层帘子，使得他的心理反应越来越不敏锐，仿佛心理潜意识地说：“你说，但我不听；你不断地重复说，
199 但我听不到。因为我正在构筑一座防御墙并把你拒之墙外，不然，我就不能构筑起自己的世界！”

这种缓慢和持续的防御，使得一个儿童的行为看起来好像他已经失去了自己的天赋能力。这样，就不再是愿意或不愿意的问题。事实上，教师会认为，遭受心理障碍折磨的儿童智力低于平均水平，自然就不能理解诸如算术和拼写之类的科目，他们也根本无法改正自己的错误。如果这样的心理障碍遍及许多不同科目，有时甚至是全部科目，聪明的儿童也可能会被认为是有智力缺陷的。如果他们在同一班级留级几次，他们就会被认为是智力低下的。心理障碍通常并不仅仅是一种障碍，与它相关的是对工作的抵触。因此，我们发现，儿童最初是对某一特定科目的抵触，然后是对整个学习的抵触，再以后是对学校、教师和其他儿童的抵触。那时，关爱和真诚就不再对他起作用，直到儿童害怕去学校，以致最后他完全离开学校。

更为普遍的情况是，对于某些个人来说，他们往往会终身带着这些在童年时期形成的心理防御。我们发现一个典型例子，那就是许多人会终身讨厌数学。他们不仅不能理解数学，而且只要一提到数学就会出现一种对它焦虑和厌烦的内在障碍。在文法上，也会发生同样的情况。我曾经认识一个很聪明的意大利女孩，但就她的年龄和文化背景而言，她在拼写上所犯的错误确实是令人难以置信的。试图改变这个缺点的所有努力都证明是 200
无济于事的，她的拼写错误在实践中似乎是有增无减，即使阅读那些经典著作也毫无用处。但有一天，让我完全感到意外的是，我看到她书写得既漂亮又正确。这里，我无法详细地谈她的情况，但确定的是，她并没有改正原来的表达方式。因此，肯定有一种隐藏的神秘力量强有力地抑制着她的正确拼写的能力，于是她表现出来的是错误连篇。

人们可能会问：在“心灵神游”与“心理障碍”这两种心理畸变中，哪一种心理畸变更严重。在我们正在使儿童正常化的学校中，事实证明，像上述提到的那些与游戏或幻想相关的心灵神游是最容易消除的。这可以通过下面的比喻来说明。如果某个人逃离了一个地方，那是因为他在那个地方没有发现他所需要的东西；如果所有人都逃离了一个地方，一般讲那是因为一个国家发生了重大的饥荒。我们总是设想，如果环境条件发生了变化，那他们一定会回来的。我们可以召唤他们：“回来吧。我们将为你们的生活提供更好的条件。你们将在一个愉悦的环境中运用你们的能量。”

事实上，在我们的学校里经常可以注意到的一种现象是，心理偏离和行为暴躁的儿童迅速地得到了转变，他们似乎瞬间就从一个遥远的世界回来了。他们不仅在外部表现上改变了无序工作的习惯，而且在心理上发生了更为深刻的变化，表现出平静和满足。儿童的心理畸变自然地消失了，犹如一种自发的结果、一种自然的转变。然而，如果这样的心理畸变没有

201 在童年时期被矫正，那么这些心理畸变将伴随他的一生。实际上，许多似乎具有丰富想象力的成人对他们自己的环境只有模糊的感觉，并受到他们自己的感觉印象的支配。这些人以富于想象力的性格而著称，但他们缺乏秩序感，而仅仅是光线、天空、颜色、花朵、风景、音乐的热情赞美者。他们是作为一位诗人而去感受生活中的一些东西；但是，他们并没有深刻地了解他们自己所赞美的东西，以至于真正地热爱它。给他们灵感的星星并不能使他们的注意力维持足够长的时间，从而使他们获得最初步的天文知识。他们具有艺术家的气质，但他们并没有创作出任何艺术作品，因为他们缺乏耐心去获得任何真正的技能。他们通常并不知道用自己的双手去做什么。他们无法使自己保持平静，过分的兴奋使他们自己无法进行工作。他们触碰东西时心里很紧张，因而常常会把东西打碎。他们心烦意乱地拔起那些自己曾十分赞美的花朵。他们不能创造任何美丽的东西，也不能使自己的生活幸福，更不知道如何去发现世界上真正富有诗意的东西。如果得不到帮助，儿童就会迷途，因为他们错误地把自己的器质性软弱和无能当作一种完美状态。这种状态容易使人产生真正的心理疾病。它的起因源于人的生命早期。在这个时期，儿童最容易产生混乱。他们在发展道路上遇到阻碍就会引起心理畸变，但这些心理畸变最初是难以察觉的。

相反，一些心理障碍是很难克服的，即使幼儿的心理障碍也是如此。这些心理障碍建造了一堵把心灵封闭起来的内部之墙，用以抵御外部世界。一出神秘的戏剧只能在那些多种多样的障碍背后演出，它常常是与所有美
202 好的外部世界以及财富和幸福的源泉相隔绝的。学习、科学和数学的奥秘、富有魅力的古典语言以及音乐的追求，所有这些都成了需要被隔绝的“敌人”。这种奇妙变化的心理能量应该是爱和生命的一个目标，但被掩盖和隐藏在黑暗之处。使人厌倦的学习引起儿童对走向世界的反感，而不是准备

参与其中。

障碍！这是一个具有暗示性的词。这个词使我们想起在我们具有真正的卫生知识之前所有用来使身体健康的方法。具有心理障碍的人都避免接触新鲜空气、水和阳光，而把自己关闭在密不透光的大墙背后。无论白天还是黑夜，他们都紧闭着窗户，以至于无法使一丝空气流通。他们用厚厚的衣服把自己的身体包裹起来，就像洋葱那样一层紧裹一层，不愿使身体接触到水，不愿使皮肤毛孔接触到干净的空气。因此，人的生理环境成为人的生命发展的障碍。

从社会的角度来说，我们也看到了那个使我们想起障碍的现象。为什么人们要相互孤立起来呢？为什么每个家庭带着冷漠和抵触的情绪使自己与其他家庭分隔开来呢？一个家庭自身不会追求孤独，因为它可以在自己的家庭中找到欢乐，所以，就把自己的家庭与其他的家庭分隔开来。建造这些障碍并不是保护爱的。家庭的障碍是封闭的和难以逾越的，它比这个 203
家庭住宅的围墙更为坚固。因此，这些障碍正在分隔社会阶层和国家。国家的屏障并不是用来分隔一个统一和同质的群体，而应该是使这个群体获得自由和防御危险。对孤立和防卫的渴求重新加强国家与国家之间的屏障，因而阻碍了个人之间的沟通和他们的产品的流通。为什么文明要通过交流得到发展呢？国家的屏障是由于过多遭受某些重大苦难和某些极端暴力而造成的一种心理现象吗？人为的痛苦是如此巨大，因而那些更牢固和更强大的屏障始终严重影响了国家的生活。

依附成人

某些顺从的儿童的心理能量太弱，不足以抵制成人的影响。所以，这样的儿童把他们自己依附于一个成人，即一个用他自己的活动来替代儿童活动的人。他们变得非常依赖于成人。他们缺少有活力的活动，但他们自己并没有意识到这一点，这使他们很容易掉泪。他们总是抱怨的，似乎总是愁眉苦脸的，因此，他们被认为总是神经过敏和感情脆弱的。他们总是显得很不耐烦，但他们自己并没有认识到这一点。由此，他们求助于他人，求助于成人，因为他们自身并不能摆脱厌烦的压抑。他们依附其他人，似
204 乎他们的生命是依赖于这些人的。他们请求成人帮助自己，请求成人与他们一起玩耍、给他们讲故事、给他们唱歌，而且央求成人不离开他们。与这样的儿童在一起，成人变成了奴隶。即使儿童和成人之间似乎有着很深的理解和感情，成人也会陷入同样的境地。这样的儿童总是一个问题接着一个问题地问“为什么”，似乎他们是渴望知识的。但是，如果我们仔细观察他们的话，就会发现他们并未倾听对他们的回答，然后他们又会马上提出另一个问题。儿童身上表现出的那种似乎想知道一切的好奇性，实际上是想让一个会给他们帮助的人一直待在他们身旁的一种手段。

这些儿童很容易放弃他们自己的活动，而服从成人的每一个命令。成人将发现，他轻易地就能以自己的意志代替儿童的意志，儿童在每一件事情上都会顺从地让步。但是，这里存在着一种巨大的危险，它将导致儿童陷入一种冷漠的状态，这种冷漠被称为“懒散”或“懒惰”。成人对儿童的这种状态是高兴的，因为这样的儿童绝不会成为他自己活动的障碍。但是，这实际上只会使儿童的心理畸变更为严重。懒散是一种精神抑郁吗？它可以比作为一个患有严重疾病的人的身体体能下降。它是富有活力和创造性的心理能量的衰退。基督教认为，懒散是七大罪恶之一，是会导致灵魂死亡的罪恶之一。

成人已进入了儿童的心灵，通过他的无益帮助、他的暗示力量以及使他的活动替代儿童的活动来吹灭儿童心灵之灯。但是，成人自己并没有意

识到这一点。

占有欲

在年幼儿童和正常化的儿童身上都具有一种强烈欲望，引导他们运 205
用自己的力量去行动。这种外部运动使他们对周围环境并不是冷漠的，而是怀着深深的爱。它可以比作饥饿，正是饥饿促使人去寻找食物。就逻辑上讲，这并不是与理性相关的。他在饥饿时不会说："我已经很长时间没有吃东西了。如果我不吃的话，我就不能保持我的体力，甚至不能活下去。因此，我必须寻找一些有营养的食物来吃。"饥饿是一种痛苦，它不可抵挡地驱使他马上去寻找食物。儿童也会有一种饥饿感，驱使他到周围环境中去寻找能滋养他精神的东西，但他是在活动中得到滋养的。"让我们像新生儿一样喜欢精神的乳汁吧！"这种动力就是儿童对环境的爱，体现了人的基本特征。但是，说儿童充满激情地喜欢他的环境，这并不正确，因为激情是冲动的和瞬间的。这种冲动应该被描述成一种"维持生命所必需的"动力。通过儿童对环境的爱而提供的这种动力，驱使他不断地活动。这是一种永不熄灭的火焰，就像空气中的氧气为人体提供必需的能量，以维持他的自然生命。一个有活力的儿童给人们的印象是：他作为一种生物，
必须生活在一个适宜的环境中，即一个他能够实现自我的环境中。如果儿 206
童没有这种活动的环境，那他的一切都是脆弱的、偏离的和封闭的。他会变成一个难以理解和不可思议的人，表现出空虚、无能、任性、令人讨厌和脱离社会。

所以，对儿童来说，如果他不能找到活动的动机来发展自己，那他就会仅仅被某些"东西"所吸引，并渴望占有它们。拿取和占有某些东西是容易的，它并不需要智力生活和爱。但是，儿童的心理能量由此被

转移到另一个方向。当这样的儿童看到一块金表时，虽然他还不会在金表上看时间，但就会说：“我想要。”这时，另一个儿童也会立即喊起来：“不行，我也想要！”他准备去弄坏这块金表，他并不是觉得它有用，无非是渴望去占有它。因此，人们就是通过这种方式开始互相斗争，甚至是毁坏东西。

几乎所有的道德偏离都是在爱和占有之间做选择时的第一步的结果。一个儿童做出了这样的选择，他就会带着所有的生命力量沿着这两条岔道中的一条道路走下去。儿童的活力使他像章鱼的触须一样伸展出去，抓住并毁坏他迫不及待想占有的东西。一种主人的感觉使他牢牢地抓住自己所喜欢的东西，并准备像捍卫自己生命一样去保卫它们。

为了保卫自己已经占有的东西，这些更强壮和更有活力的儿童甚至会击退其他也想占有这些东西的儿童。因为想要同一样东西，或者因为想要其他人已有的东西，他们不停地吵架。产生这种反应的原因，是某些东西而不是对东西的喜爱，是对某些东西的感情爆发而不是兄弟般的情谊，因
207 而会为某些并不怎么重要的东西而争斗。然而，这种争斗虽然不是真正重要的，但是很严重的。因为出现了一种不协调情况，一种应该存在的天性被蒙蔽了，一种心理能量被偏离了，所以，占有欲的根源在于一种内在的心理缺陷，而不在于那些引起占有欲的东西本身。

众所周知，运用告诫方法是一种可以尝试的道德教育方式，由此我们告诫儿童不要把自己依附于外在东西上。这种教育的基础是对他人财产的尊重。但是，当儿童达到这一步时，他早已把自己与崇高的内心生活分离了，这就是他为什么转向占有外在东西的欲望。这种欲望如此深地渗入儿童的心灵之中，可以把它看作人类自然天性的一部分。

甚至那些表现出顺从特征的儿童，也把他们的注意力转向一些没有价

值的物质的东西。然而，他们是以不同的方式“占有”这些东西的。通常，他们并不争吵，也不跟其他人争抢。他们宁可收集和收藏一些东西，因此，他们被认为是“收藏家”。但是，他们并不是按某种知识的分类来收藏东西的。可以说，他们所收藏的东西五花八门，相互之间毫无关联，对他们自己也没有什么诱惑力。病理学家发现了这样一种荒唐的和不合逻辑的情况，它是狂热的一个标志，也是一种心理异常。不仅包括有心理缺陷的成人，而且包括行为失常的儿童，他们对收藏都有一种癖好，口袋里都会装着无用的和杂乱的东西。个性软弱和缄默的儿童也会从事相似的活动，但 208
是，他们收藏东西的习惯被认为是完全正常的。如果某些人要拿走这些儿童所收藏的东西，他们自己就会竭尽全力地保卫它们。奥地利心理学家阿德勒（Alfred Adler）[①]对这样的收藏习惯给予了有趣的解释。他把这比作成人身上所发现的贪婪现象，这种现象在幼儿时期就可以辨认出来。如果一个人所依附的许多东西不是他自己所需要的，但他又不愿意放弃它们，这种现象将是一剂致命的毒药，其结果是他的发展就会失去基本的平衡。

父母很乐意看到他们孩子保卫自己的财产。他们把这看作人类自然天性的一部分，并把它与社会生活联系起来。在社会中，保存和收藏东西的儿童甚至被理解为人类的形象。

权力欲

与占有欲相关的另一种特有的心理偏离，就是希望对权力的占有。能够支配环境的人身上具有一种本能力量，使他能够通过对环境的爱进而占有外部世界。但是，如果这种本能力量不是去形成人的个性，而仅仅是去

---

① 阿德勒（1870—1930），奥地利现代精神病学家，个体心理学的创始人。主要著作有《个体心理学的理论和实践》《神经病问题》等。——译者注

获得东西，那么，这种本能力量也就偏离了方向而趋于对东西的占有。

209 对心理偏离的儿童来说，当他看到有一个能支配所有事情的强有力的成人在场时，他的自我感觉就很好。这种儿童实际上认识到，如果他能通过成人而行动，他自己的力量就会强大。于是，他开始利用成人，这样他所获得的东西就能比通过独自努力获得的东西多很多。这种做法完全是可以理解的，所有儿童都是这样被潜移默化的，以至于认为这是最普通的情况，也是最难以纠正的情况。它提供了儿童任性的一个典型例子，因为对一个软弱无能的儿童来讲，这是合理和自然的。一旦他惊喜地发现自己可以利用一个强有力的和行动自由的人来为他获得好处，他就会这样做。这种儿童开始尝试要一些东西，但他所想要的东西超出了成人认为对儿童来说是合理的东西，因为他的需要是无止境的。

对具有充分想象力的儿童来说，成人似乎是一个拥有无限权力的人，能够满足他们所梦想的变化无常的所有欲望。在富有魅力的童话故事中，这样的感觉得到了充分的展现。这些童话故事具有一种深刻的寓意，所以，它们常常可以作为对儿童心灵幻想的描述。儿童感到，在现今的童话故事形式中，他们的朦胧愿望已有了吸引人的外表。从仙女那里获得力量的人，常常能得到仅仅靠人的力量而无法获得的财富和恩赐。仙女有好的和坏的、美丽的和丑陋的之分。在穷人和富人中，在树林里和迷人的宫殿中，
210 都可以发现这些仙女。她们实际上就好像是生活在成人中的儿童的理想形象。有像祖母一样的年老仙女，有像母亲一样的年轻美貌的仙女。有些仙女衣衫褴褛，有些仙女穿着丝绸衣服和戴着金首饰，正如有贫困的母亲和身穿华丽服装的富裕的母亲一样。但是，她们都宠爱自己的孩子。成人无论沮丧的还是骄傲的，在儿童看来他总是一个强有力的人。儿童开始试图利用成人，其结果肯定是发生冲突。起初，这样的冲突是温和的，因为成

人愿意克制自己和做出让步，以便高兴地看到他孩子得到幸福和满足。然而，帮助儿童洗手的成人将不可避免地要去满足儿童的占有欲。儿童在得到了第一次胜利之后,就期待着第二次胜利。于是,成人就做出更多的让步，儿童也就越渴望得到更多的东西。最后，成人满足儿童欲望的这种错觉结成了苦果。因为物质世界是极为有限的，而幻想却是漫无边际的，结果产生了与现实的抵触和剧烈的冲突。儿童的任性就成了对成人的惩罚。实际上，成人立即就认识到自己的错误，并会说：“我宠坏了我的孩子。”

即使一个顺从的儿童，他也有自己征服成人的方法。他通过一些富于情感的方式来征服成人，例如，他的眼泪、他的恳求、他的忧郁的眼神、他的惹人喜爱的行为。成人也肯定会屈服于这种儿童，直到他无法给予更多的东西，于是儿童不高兴了。这将导致原来处于正常状态的儿童产生了心理畸变。成人在反思后认识到，他用这种方式对待儿童，使儿童养成了恶习，于是他试图改变自己的方式和纠正儿童的坏习惯。

但是，所有人都知道，没有任何办法能够纠正儿童的任性和固执。无 211
论规劝还是惩罚，都不起作用。这就如同你对一个因发高烧而神志昏迷的人说他会治愈的，并威胁说如果他的体温还不降下来就要揍他。事实是，成人在关爱自己的孩子时，并没有为他的发展提供合理的方式，而是阻碍他接触真实的生活，因此，使他的心理发展走入了歧途。

自卑情结

成人并没有意识到自己对孩子表现出的藐视，因为尽管他为自己孩子的漂亮和完美而自豪，并对孩子的未来寄予希望，但是，一种神秘的动力驱使他在一些事情上表现出这样的行为举止，即他似乎更相信自己孩子是“愚笨的”和“顽皮的”，因此，孩子是需要灌输和纠正的。这种模糊的看法使得成人藐视儿童。对于成人来说，他所面对的是自己的孩子。在儿童看来，成人是最强大的人。成人有权在儿童面前随意表现自己，但成人认为自己在其他人面前这样做就会感到羞耻。在成人的一些模糊倾向中，表现出贪婪和专制的感觉。因此，在家庭中，在父亲权威的伪装下，成人的贪婪、专制和暴虐不断地砸碎儿童的自我。例如，如果一个成人看到儿童端着一杯水，他就害怕这只杯子可能会被摔碎。在那时，贪婪使他把这只杯子看作一件珍宝，为了保护它就不许儿童端着杯子行走。也许这个被谈论到的成人是很富有的，为了使他儿子比自己更加富有，他考虑要使自己的财产成倍增加。但是，他当时感到这只杯子是非常珍贵的，因而
212 无论如何都要保护它。同时，他又想："为什么孩子一定要用这种方式端杯子，而我要用另一种方式端杯子呢？难道我没有权利按自己喜欢的方式去放置东西吗？"然而，这个成人心里还是很愿意为孩子做出任何牺牲的。他梦想着自己孩子的成功，希望看到孩子成为一个卓越的和有权力的人。但那时，他马上又被一种权威的和专横的冲动所支配，这使他的精力浪费在保护一个微不足道的东西上。事实上，如果一个仆人也像他孩子这样端着杯子，这位父亲只会淡淡地一笑；如果一位客人打碎了这只杯子，他立刻会讲这只杯子是不值钱的，不必把这件事放在心上。因此，儿童肯定会通过连续的挫折感注意到，他自己是唯一被认为会对物品产生危害的人以及唯一不能触碰物品的人。这种自卑感几乎使儿童认为，他自己比那些物品还不值钱。

还应该考虑另一种难以理解的观念，这是与儿童的内在心理发展有关的。儿童不仅需要接触一些东西和运用这些东西进行工作，而且需要通过一系列行动去完成。所有这一切对儿童个性的发展具有至关重要的作用。成人不再有意识地注意自己的日常行为的连续性，因为他所具有的这些日

常行为已经成为自己生活方式的一部分。当一个成人早晨起床时，他知道 213
自己必须做什么，并把它们看成是世界上最自然的事情。他的动作顺序几乎已变成自动的，正如他的呼吸或心脏的搏动一样，不再需要更多的注意。相反，儿童需要在这个方面打好基础。但是，成人从未为有意识地实行而制定一个计划。如果儿童正在游戏，那成人就会打断他，认为应该是散步的时间了，于是成人就会把这个儿童打扮一番带出去。或者，儿童正在做一个工作，例如把石块装到桶里，这时他母亲的一位朋友来拜访，于是他的工作被中止了，被带去见这位新的客人。总之，在儿童的生活中，成人会不断地打扰他或突然闯进他的活动中去，这个强有力的人从来不跟儿童商量就安排他的生活。这显示出，在成人眼里，仿佛儿童的活动是毫无意义的。相反，在儿童在场的情况下，成人若必须要中断一个人正在做的事情，即使这个人是仆人，他在要求这个人之前也一定会说“如果你愿意的话”或“如果你可以的话”。所以，成人这样做的结果是：儿童感到他与其他所有人不同，特别有一种被置于所有人下面的自卑感。

现在，正如我们所说的，行为的先后顺序依赖于一个事先设想的内部计划，这对儿童的发展是极为重要的。总有一天，成人会对儿童解释说他必须对自己的行为负责，但这种责任感有赖于他对各种行为之间联系的领悟和对它们的重要性的判断。然而，儿童只是感到他的所有行为都是不重
要的。一位父亲不会因没有成功地培养儿子成为有责任感和有自制力的人 214
而责备自己，但他自己恰恰就是一步一步地破坏儿童行为的连续性和自尊性的人。在这样的情况下，儿童内心有着一种秘密的想法，即认为自己是低劣的和无能的。实际上，任何人在能够承担其职责之前，他必须要对自己有信心，相信他是自己行为的主人。

沮丧的根源是人认为自己不能做某些事情。如果一个残疾人被要求与

一个非常敏捷的人进行赛跑，他根本不会希望进行比赛；如果一个职业拳击手被安排与一个矮小的和没有专门技能的人在拳击场上对抗，后者肯定不会希望进行对抗，因为一种无能为力的感觉已经使他丧失了进行尝试的勇气。成人由于不断地羞辱儿童，使儿童感到自己是软弱无能的，从而压抑了努力去行动的欲望。但是，成人并不满足于仅仅阻止儿童的行动，他还不断地对儿童说："你不能做那件事情，你没有必要去尝试。"或者，如果这个成人是粗暴的，他甚至会说："傻瓜，你为什么要去做那件事情？你难道不知道你不能做那件事情吗？"成人的这种行为不仅阻碍了儿童的工作和打断了他的行动的连续性，而且是对儿童个性的一种侮辱。这使得儿童相信，不仅他的行动是毫无意义的，而且他的个性本身是笨拙和无能的。这就导致了儿童的沮丧和缺乏自信。因为如果我们发现一个比我们更强有力的人阻止我们做自己想做的事，我们至少可以对自己说有些人比我们差，
215 我们可以重新开始。但是，如果成人使得儿童相信他自己是无能的，那么，一片乌云就会笼罩在他的心灵上，他就会陷入胆怯、冷漠和恐慌的状态之中。所有这些感觉合在一起就形成了一种**内在障碍**，心理分析学家称之为"自卑情结"。这种障碍可能作为一种无能和自卑的感觉而在儿童心里保存下来，将阻碍他接受在人生的每一步出现的社会考验。

这种自卑情结导致儿童产生了胆怯、在做决定时迟疑不定、面临困难或批评就退缩、遭受压抑就流泪等表现。这些表现与儿童的这种痛苦状态又是形影相随的。

相反，一个正常儿童的最显著特征之一，就是他的自信心和坚定的行动。在罗马圣洛伦佐的"儿童之家"里，那个小男孩告诉感到失望的来访者，虽然今天学校放假，但儿童可以自己打开教室的门，甚至在教师不在场的情况下进行工作。这时，他表现出一种完美的和沉稳的个性特征。这

种个性特征并不是对自己能力的过分自负，而是对自己能力的了解和把握。这个儿童知道自己正在做什么以及完成各种工作的必需步骤，因此，他自己能够有绝对把握去这样做，并认为这是很简单的和很普通的事情。同样，另一个小男孩正在用活动字母进行拼写，当意大利皇后站在他面前要求他拼写“意大利万岁！”时，他丝毫没有受到干扰。他立即开始按照正确的 216
顺序把刚刚拼写的那些字母复原，他平静得似乎只有他一个人在做事。为了表示对皇后的尊敬，他中止了他所做的事情，以便做皇后要求他做的事情。但是，不要忽略一个特别的细节：在使用字母拼写其他词之前，他必须把所有已使用过的字母放回到它们原来的位置。事实上，在他这样做之后，他就认真地工作，拼出了“意大利万岁！”虽然这个小家伙只有四岁，但实际上他已能够控制自己的行为和情感，并对他的环境中可能发生的那些事情应付自如。

恐惧

恐惧是心理畸变的另一种形式。它被认为是儿童的一个正常的特点。当人们说到一个胆怯的儿童时，他们会说这是由于一些根深蒂固的心理困扰而引起他的恐惧，这几乎是与他的环境条件无关的。像羞怯一样，恐惧是儿童性格的一部分。有人会说，那些顺从的儿童似乎被一种恐惧感所包围。相反，那些表现出勇敢、富有活力和无所畏惧的儿童，也会被神秘的、难以解释的和无法克服的恐惧所支配。这些心理状态可以解释为过去得到的强烈印象所造成的结果。例如，害怕过马路，或者害怕床底下有猫，或者害怕看到鸡。也就是说，这种状态很像精神病医生在成人中所研究的那种病态。在那些“依附成人”的儿童身上，特别容易发现各种各样形式的恐惧。 217
成人为了使儿童服从他，就利用儿童意识的脆弱状态，人为地用对在黑暗里模糊存在的人的恐惧来恐吓他。这是成人用来防范儿童的一种最有害的方式，它加剧了儿童天生对黑暗的恐惧，因为黑暗里就有许多令人可怕的影像。

使儿童接触现实生活，并使他体验和理解环境中的任何东西，都将有助于他摆脱这种恐惧心态的困扰。在我们的使儿童正常化的学校中，最明显的一个成果就是这些潜意识恐惧的消失或不再表现出恐惧。一位著名的西班牙作家想撰写他曾碰到的这种现象，对于公众来说这是应该知道的一个事实。他有四个女儿，其中三个女儿早已是大女孩，年龄最小的女儿进了我们的一所学校。每当夜晚有雷雨时，她是四个女儿中唯一不感到害怕的人。她会带着她的姐姐穿过房间到父母的卧室去，在那里她们能得到保护。对于经受过一些诡秘的恐惧的姐姐来说，她的在场就是一种真正的安慰。因此，每当她的姐姐们在黑夜中感到害怕时，通常就跑到她身边，以便克服自己的焦虑心情。

218 这种“恐惧心态”不同于面临危险时出于自我保护本能所产生的一种正常的恐惧。这种正常的恐惧在儿童身上比在成人身上出现得少，这并不仅仅因为儿童比成人缺少面临外界危险的经历。人们甚至可以这样说，那是儿童面对危险时的一个普遍特征，而且比成人表现得更为明显。事实上，儿童常常会使自己面临着危险，例如，街上的顽皮儿童会吊住正在行驶中的汽车，乡村儿童会爬到树上或沿着陡坡冲下来。他们常常会跳进海里或河里，冒着危险去学习游泳。在每次挽救或试图挽救他们同伴的生命时，他们都表现出英雄行为。这里，我将仅仅引用美国加利福尼亚州一个孤儿院的盲童部着火的例子。这个孤儿院大楼一侧的盲童部是为盲童服务的。在盲童部着火时，那里发现了一些正常儿童的身影，虽然他们住在大楼的另一侧，但他们冲过去救援以使那些盲童安全。在如“童子军”（Boy

Scouts）[1]这样的儿童组织中，或者在如“巴里拉”（Balilla）[2]这样的志愿儿童团体中，每天都发生一些有关英雄行为的事例。

可能有人会提出这样的问题，即正常化是否有助于发展在儿童身上经常可以发现的这种英雄主义倾向。在我们的正常化教育经验中，我们没有遇到英雄主义的事例，但儿童会表现出一些崇高的愿望，这与一种真正的英雄行为是非常不同的。例如，五岁儿童在听到墨西拿大地震时，会第一次书写一句话：“如果我是大人，我会去帮助他们的。”但是，在我们儿童 219
的生活中，真实的和普遍的情况是形成了一种“谨慎”，使他们能够避免危险，因而能够合理地行动。这导致了一种早熟的生活方式，例如，他们很早就能使用桌上甚至厨房里的小刀，能用火柴点火甚至点燃焰火，能独自站在水池边，能穿越城镇的马路，等等。总之，我们的儿童已经学会控制自己的行为，同时使自己避免盲目的冲动。这使他们获得了一种更崇高和更平静的生活方式。所以，正常化不是把儿童推入危险之中，而是形成一种谨慎，使他们能够在危险的境地中尽力了解危险和消除危险。

说谎

尽管心理畸变会表现出个别的特征，但它就像一棵繁茂大树的分枝， 225
永远会朝四面八方伸展出去，它们都来自同一个深层的根部。只有在那里，才能找到正常化所展现的独特秘密。在普通心理学和现行的教育方法中，一个常见的错误就是在研究和论述中把这些心理畸变看作互不相连的和孤立存在的，尽管它们实际上是相互依赖的。

---

① 童子军，西方国家青少年组织。1908年，由英国的鲍威尔勋爵在英国最早创立。后分为男童子军（1908）和女童子军（1910）。——译者注

② 巴里拉，意大利的少年先锋队组织。——译者注

在这些特征中，说谎是主要的特征之一。说谎就像一件隐藏心灵的外套——由许多不同的衣服组成的一整套嫁妆，因为存在着那么多不同的说谎，每一种说谎都有一个不同的含义。既有正常的谎言，也有病态的谎言。旧的精神病学曾对患有歇斯底里症的人的强制性谎言进行了充分的论述。这种人的谎言遮盖了他们的整个心灵，以致他们的言语完全是由谎言组成的。这种
226 旧的精神病学还注意到儿童在青少年法庭上的说谎，以及在一般情况下儿童被传唤作证时潜意识说谎的可能性。由于儿童的“纯洁心灵”几乎被看作真理的喉舌，因此，当人们终于认识到或发现被认为是真实的东西实际上却是虚假的，于是引起了极大的骚动。这些令人惊异的行为引起了犯罪心理学家的注意，他们通过研究认识到，这种儿童实际上是真诚的，他们的谎言是由于心理紊乱而引起的，他们一时的情绪加剧了这种心理紊乱。

这种虚假代替真实的谎言，无论经常的还是偶尔的，都是与儿童有意识用来自我防御的正常谎言截然不同的。但是，在正常儿童身上和在日常生活中，我们也可以发现其他与自我防御根本无关的谎言。谎言可以是一种真正的虚构，源于描述某些幻想的东西的需要，又添加了使其他人相信是真实的而带来的欢乐刺激。然而，它不是为了欺骗而说谎，或者带有任何欺骗的目的。它是一种真正的艺术形式，就像一位演员使自己进入角色一样。这里我提供一个例子。有一天，一个儿童告诉我，他母亲给应邀来赴宴的一位客人喝她自己亲手制作的维生素很多的蔬菜汁，作为喝天然饮
227 料的一个宣传。他母亲成功地制作一种非常可口的天然饮料，这位客人说他以前从未喝过这种饮料，并要告诉其他人去喝这种饮料。这个故事是那样详细和有趣，使得我请这个儿童的母亲告诉我怎样制作这种维生素饮料。然而，这位母亲却对我说，她从来没有想过做类似的饮料。这就是儿童通过他的想象而编造完整的谎言的一个例子，纯粹是为了编造故事的乐趣，

而没有任何其他的目的。

这一类说谎几乎与因儿童懒惰和对发现真理不感兴趣的其他说谎是完全不同的。但是，一种说谎有时候可能是巧妙推理的产物。我曾认识一个六岁小男孩，他被自己母亲临时送到一所寄宿学校去。负责这个孩子所在班级的教师非常称职，对这个特殊儿童给予了很大的关注。隔了一段时间之后，这个小男孩开始对他母亲抱怨说这位教师在很多细小方面防备他。他描述这位教师简直太严厉了。于是，他母亲到校长那里去询问，了解到的情况却充分证明这位教师对她儿子是很关爱的，并且总是表现出这种关爱。于是，这位母亲当面问她儿子为什么要说谎，他回答说："我没有说谎，但我又不能说这位校长不好。"这并不表示小男孩似乎缺乏指责这位校长的
勇气，而实际上他好像感受到了压力。在适应他们的环境方面，儿童能够 228
采用狡猾手段的例子还可以举出很多。

相反，对于具有懦弱和畏缩特征的顺从儿童来说，他们往往是出于一时的冲动而编造谎言的。这种说谎没有经过仔细的推敲，只是一种防御性反射。这种说谎是未加修饰的、没有条理的和临时编造的，也是很幼稚的，所以，通常是很容易识别出来的。父母和教师揭穿这种说谎，却忘记了说谎背后的原因。它们的用意是清楚和坦率的，就是对成人压制的一种防御性反抗。由于儿童的懦弱、羞怯、自卑情绪以及编造这种无意义的谎言，他因而受到了成人的指责和训斥。人们很容易认识到，这样的说谎展现了一个自卑的人。

说谎是儿童在幼儿时期出现的一种心理现象。它一直会在儿童的发展过程中存在，并随着年龄的增长把它组织起来。说谎逐渐构成人类社会生活中重要的一部分，就像身上的服装一样是必需的、合适的，甚至是美丽的。

在我们的使儿童正常化的学校中，儿童的心灵摈弃了这种伪装，而表

现出自然的真诚。然而，说谎并不是一种可以奇迹般地消失的心理畸变。它需要的与其说是一种皈依，不如说是一种重塑，它需要思想的清晰、与现实的接触、精神的自由以及对崇高目标的积极兴趣，这一切构成了一个有利于重塑儿童真诚心灵的环境。

但是，如果对社会生活进行分析的话，我们就会发现，社会生活沉浸
于一种虚伪谎言的氛围之中。没有剧烈的社会变化，就不能消除这种氛围。
229 事实上，许多已离开“儿童之家”而进入普通中学的儿童一直被认为是没
有礼貌和不服从的，那是因为他们比其他儿童有更多的真诚，还没有进行必需的适应性改变。但是，他们的教师并没有认识到这一点。实际上，社会规范和社会关系是在一些谎言的基础上建构的，但一种不为人们熟知的真诚似乎正在倾覆那个作为教育基础而建立的道德结构。

心理分析学对人类心理史的最杰出的贡献之一，就是把伪装形式解释成潜意识隐瞒的适应性改变。事实上是成人的伪装形式，而不是儿童的小谎言，编织成了人类生活的令人可怕的外衣。它们就像动物王国的毛皮或羽毛，遮盖、装饰和保护着隐藏在下面的那个正在活动的和维持生命所必需的器官。伪装就是隐藏自己的感情，是人自身为了生活，或者更确切地说，是人为了生存，而在一个与他纯洁的自然情感发生冲突的世界之中构筑起来的一种谎言。由于不可能在一种不断发生冲突的状态下生活，因此，心灵就必须改变自己而去适应这种状态。

最显著的伪装形式之一，就是成人对待儿童的态度。成人为了自己而牺牲儿童的需要，但他拒绝承认这个事实，因为这种承认将是无法忍受的。他使自己相信，他正在行使一种天赋权力，正在为儿童的未来利益而行动。
当儿童保护自己时，成人的心灵并没有意识到真正发生了什么事情，而把
230 儿童在防御上所做的一切事情都称为“不服从”或“坏习惯”。真理和正义

的声音变得越来越弱，取而代之的是一种看似高明的、合理的和永恒的伪装形式，在表面上表现为责任、权利、权威和谨慎等。“心变得冷酷了。它冷若冰霜，像水晶一样只会偶尔闪烁一下。所有的一切都被它打碎了……我的心变成了石头。我敲击它，受伤的却是我的手。”[①]但丁在他的《地狱》（*Inferno*）[②]中运用了极为奇妙的冰的形象做比喻，所有的爱都被扑灭了，只有仇恨在那里找到了它的庇护所。爱和恨是心灵的两种不同的状态，就像水的液态和固态一样。是的，这种伪装是一种精神的谎言，它有助于人去适应社会的有组织的偏离状态，它也渐渐地隐藏了从爱的形式到恨的形式的转变。

这种可怕的谎言就隐藏在潜意识心灵的最深处。

心理畸变对身体的影响

伴随着心理的畸变，会出现各种各样的特征。有些特征看起来是不相 219
关的，但它们影响了人的身体功能的发挥。现今，应该感谢心理分析学家，他们的研究证实：许多身体的失调都产生于心理原因，并构成已进行大量研究的医学中的一个篇章。甚至某些似乎主要是与身体密切相关的缺陷，其最终的根源也都在心理领域。其中有一些缺陷，如消化不良，在儿童中特别普遍。强壮和活泼的儿童容易表现出一种贪婪的食欲，它很难通过训练或忌食来加以纠正。这样的儿童吃的东西超过他们所必需的食量。尽管他们会生病，并需要医生的帮助，但他们无法满足的食欲仍然常常被自鸣
得意地当作“胃口好”。 220

---

① 维多利亚·奥卡姆波（Victoria Ocampo）：《圣方济各会的真福》（*Da Francesca a Beatrice*）。——原注

②《地狱》是意大利诗人但丁《神曲》的第一部分，其他两部分分别是《炼狱》和《天国》。——译者注

在古代，渴望得到比身体所需的更多食物被看作一种恶习。这种渴望是没有什么好处的，更确切地说是有害处的。这样的一种偏爱似乎表现出一种对食物的正常敏感性的退化。这种敏感性不仅可以促进一个人的食欲，而且也决定他所需要的食量。这种敏感性是所有动物的特征。它们的健康是由其起保护作用的主导本能所决定的。事实上，这种主导本能的保护作用在于两个方面：一方面与环境有关，指导它在环境中避免危险；另一方面与它自身有关，指导它摄取食物。动物的主导本能不仅引导它们吃应该吃的食物，而且也决定什么食物对它们是有益的。确实，这是所有的动物物种的最显著的特征之一。在自然状态中，可以观察到的每种动物，无论吃得很多还是仅仅吃一点点，它的主导本能都会告诉它应该摄取的食量。

但是，人会表现出贪食的恶习，不仅吃的食物的量多于应该吃的量，而且吃实际上有害的食物而不顾自己的健康。因此，我们可以说，一旦出现了心理畸变的征兆，人也就失去了保护自己并保证自己处于健康状态的敏感性。有关这一方面，我们可以在“心理偏离”的儿童身上找到证据，
221 这种儿童在自己的饮食上就表现出偏食。他一看到食物就立即被吸引住了，他仅仅是根据自己的味觉来对待所见到的食物，但内在的重要因素，即起保护作用的敏感性被削弱了或消失了。在我们的使儿童正常化的学校中，最惊人的一个现象就是儿童消除了心理畸变，回归到正常的状态，因而他们对食物也就失去了原来的贪婪欲望。他们感兴趣的是每一种行为的正确表现，因此，他们能用正确的姿势吃东西。当人们在谈论儿童的转变时，这种有活力的敏感性的恢复在“儿童之家”创办初期引起了几乎令人怀疑的惊讶。儿童生活的某些场景成为详细描述的对象，以便使人们相信这种现象的确是真实的。每到吃饭的时候，年幼儿童把时间全花在正确地铺餐布上，盯着那些餐桌上的餐具，尽力记住使用餐具的手势动作的每一个细节，

或者帮助比他们更年幼的伙伴。有时候，他们是那样细致，以至于放在面前的食物早就凉了。有些儿童显得悲伤，那是因为他们原本希望自己被挑选出来帮助端菜，但结果发现自己在所有工作中仅仅被安排了一个最容易的工作，那就是吃饭。

心理因素和食物之间关系的反面证据，也可以在一种相反的事实上找到。那些服从的儿童对食物完全表现出一种奇怪的和难以克服的厌恶感。许多人体会到，喂某些儿童吃饭是那么困难。他们拒绝吃任何东西，有时是那么坚决，以致给家庭或学校造成了真正的困难。在为贫困和弱小的儿
童开设的一些教育机构中，这种现象特别突出，人们期望这些儿童在愿意 222
吃的时候就吃个饱。这种做法可能造成一个令人担心的后果，那就是会使儿童的体质下降，并处于一种所有药物都难以治疗的状态。但是，我们一定不要把对食物的拒绝与导致儿童没有胃口的消化不良混淆起来。相反，儿童拒绝吃东西是由一些心理原因造成的。在某些情况下，可能是由于一种防御性冲动而使儿童拒绝吃东西，或者可能是由于成人用他自己的节奏强迫这个儿童吃得快一点。儿童有他自己的一种节奏，这个事实现在已被一些儿童专家所承认。他们注意到，儿童并不是把他们所需要的食物立即吃完，而会在他们缓慢吃食物的过程中有一些长时间的停顿。在断奶之前的婴儿身上，我们可以看到同样的情况。在喂奶中，他们会停止吮奶，这并不是因为他已吃饱，而仅仅是为了休息一下，因为他们的节奏不仅是缓慢的而且是间歇的。所以，我们能够认识到一种可能的防御性冲动，它像一种屏障一样，儿童设置这种屏障就是为了反对成人强迫他用与他自己的自然倾向相反的方式进食。然而，在有些例子中，这种防御是不存在的。一个儿童看起来几乎是由于体质原因而缺乏食欲的。他的脸色苍白，缺乏使他恢复健康的户外活动、阳光的沐浴和海边的空气。然而，在这样的情

况下，我们发现，在这种儿童身边有一些他十分依附的成人，而这些成人完全支配了他。只有一种方式可以治愈这种儿童，那就是，让他离开压抑
223 他的人的影响，并给他提供一个在心理上将是自由的和有活力的环境。只有这样，他才能摆脱使他精神扭曲的依附。

在对我们观点的支持中，我们可以注意到，人们早已认识到心理活动和生理现象之间的关系，尽管那些生理现象（如摄食）似乎是与心理活动分离的。在《圣经》的故事中，我们读到，以扫（Esau）[①]由于贪食而把他的长子名分让给了他的兄弟，愚蠢地违背了他自己的利益。贪食确实应该被列入“玷污心灵”的恶习之中。人们颇有兴趣地看到，中世纪基督教神学家托马斯·阿奎那（Thomas Aquinas）[②]正确指出了贪食和理智之间的关系。他坚持认为，贪食会使一个人的判断力迟钝，其结果减弱了人对可理解的现实的认识。然而，在儿童身上，我们可以发现与它完全相反的过程，那就是心理紊乱引起了贪食的发生。

基督教把贪食的恶习与精神的困扰联系起来，并把它列入七大罪恶之中，它会导致心灵的死亡，换句话说，它会导致对一种神秘的自然规律的违背。与此同时，它也完全违背了现代的科学观点。心理分析学间接地支持我们有关主导本能或生存敏感性消失的理论。但是，心理分析学对这一点给予了不同的解释，而称之为“死亡本能”。也就是说，人有一种自然倾向，帮助死亡的降临，为死亡创造条件，促进着死亡，甚至用自杀加速趋于死亡。
224 人变得绝望，而使自己依赖于诸如酒精及鸦片、可卡因等毒品。他不是依恋生命和拯救生命，而是走向死亡和召唤死亡。所有这一切是不是明确表

① 以扫，《圣经》中的一个人物。——译者注

② 托马斯·阿奎那（1226—1274），中世纪基督教神学家、经院哲学家。主要著作有《神学大全》《反异教大全》等。——译者注

明应该为保护个人而工作的一种重要的内在敏感性的消失呢？如果这种倾向是因为死亡的不可避免，那么，它应该在所有人的身上存在。我们不如这样说，每一种心理畸变都在引导人走上死亡之路，并使人尽力摧残自己的生命。在最早的幼儿时期，就可以看到这种可怕倾向隐隐约约的几乎难以察觉的形态。

所有的疾病都会有一种心理因素，因为人的心理活动和生理现象是紧密相连的。但是，摄食的不正常为各种疾病敞开了大门。有时候，一个人可能仅仅在外表上有病，实际上这只是一种想象出来的病，而不是实际存在的病，其纯粹是心理原因所造成的。心理分析学家解释了很多这样的病症是与器质性神经症有关的。器质性神经症并不是假装出来的疾病，而表现出一些真正的症状，例如，体温升高和身体功能紊乱，这些症状有时显得很严重。然而，这样的病并不是身体上的，而是由能够支配生理规律的潜意识的心理紊乱造成的。借助这种病，自我可以摆脱不愉快的处境或责任。所有的治疗都无法消除这种病，只有当自我离开了它应该逃离的境地时，这种病才会消失。我目睹了这样的情况：在一个为小女孩设立的宗教教育机构中，从卫生学观点来看，什么东西也不缺。在医务室里有一些生病的儿童，然而，其中一些持续发烧的儿童是不容易治疗的。但是，这些病并 225
没有使他们忘记每天清晨首先要参加弥撒仪式的义务。

像许多道德上的缺陷一样，当儿童被安排在一个自由的环境和被允许参加正常化活动时，许多疾病和病态才会消失。现今，许多儿童专家把我们的学校看作“健康之家”（house of health），并把患有功能性疾病和常规治疗无效的儿童送到我们的学校，其治疗效果令人震惊，这些儿童都痊愈了。

第三部分　儿童与社会

第一章　人的工作

工作本能

233 在真正的儿童天性得到展现之前，支配儿童心理活动形成的那些规律是完全未知的。现今，这种与人的形成直接有关的敏感期研究，可以成为对人类具有最重要的实际价值的科学之一。

儿童成长和发展的基础，在于不断地使儿童与环境之间的关系变得更加密切。对于儿童个性的发展，即所谓的儿童自由来说，只能是使儿童逐渐从成人中独立出来，否则那是不可能的。同时，儿童需要在一个适宜的环境中，找到发展自身功能所必需的工具。这个道理既清楚又简单，这就如同给婴儿断奶。我们为婴儿准备的包括谷物、果汁和蔬菜在内的食物将成为母乳的替代品，也就是说，婴儿不再从母亲那里吮吸乳汁，而是从外部世界中摄取食物。

谈论教育中的儿童自由时，通过想象去假设儿童不受成人的约束，却

没有为儿童提供一个能使他独立的环境，这是荒谬的错误。这个环境的准 234
备是教育科学的一部分，就像儿童食物的准备是保健科学的一部分一样。现今，心理环境的准备被看作新教育的一个基础，其基本原则已由儿童自己十分清楚地描绘出来，并成为一个能够付诸实践的现实。

在儿童给我们带来的那些惊人发现中，通过工作来实现正常化的现象是最重要的展现之一。在各民族儿童中所进行的无数次实验能够告诉我们，这种现象是在心理学或教育领域被证实的最确切的资料。无疑，儿童的工作愿望体现了一种重要的本能，因为没有工作他就不可能形成他自己的个性，就会违背他自己的正常发展路线。“正是通过工作，人塑造了他自己。”无论身体健康还是慈爱，任何东西都不能替代工作。与此同时，如果个性发展走入了歧路，无论用惩罚手段，还是用榜样力量，都不能进行矫正。人是通过他的手的工作来塑造自己的，用他的手作为自我的工具，他的手是自己的心理和意志的器官，通过与他的环境面对面地接触来进行他自己的实验。儿童的工作本能证明了这个事实：在人的天性中，工作是一种天赋倾向，是人类所特有的本能。

工作应该是使人得到充分满足的一个源泉，是健康和新生的一个关键。那么，为什么成人拒绝儿童的工作呢？为什么成人不把工作看作儿童的环
境所创造的一种十分必需的产品呢？也许是因为在人类社会中工作依赖于 235
一些错误的基础。那种天赋的工作本能作为一种已退化的特征仍然隐藏在人身上，但在心理偏离的人中它已经被占有欲、权力欲、冷漠和依附引入了歧途。在这种情况下，工作只是依赖于外界环境或依赖于误入歧途的人之间的斗争。由此，它成为强制性的劳动，反过来又构筑起坚固的心理障碍。于是，工作变成是艰苦繁重的和令人厌恶的。

但是，在一些特殊的环境中，工作自然就成为一种内在的本能冲动的

结果，甚至在成人身上也表现出一种完全不同的特征。在这种情况下，工作变成是富有魅力的和不可抗拒的，并使人得到提升而摈弃心理畸变及其附属的缺陷。在发明家的研究、探险家的发现和美术家的绘画中，我们可以发现这样的例子，也就是说，当人们在工作时，他们被赋有这样的一种非凡力量，使他们能够用自己的个性方式重新发现他们物种的本能。因此，这种本能像从地球中猛烈喷射出来的一股强有力的激流，能够使人类得到更新。通过这种强烈的欲望，产生了人类文明的真正进步。因为这是人的天赋的工作本能的基础，而人类社会环境就是建立在这个基础上的。工作无疑是人的显著特征。人类文明的进步是与人创造一个更舒适的生活环境的多种能力直接相关联的。

但是，不可思议的是，在这种人类创造的环境中，人却使自然生活远离了他。然而，人创造的这个环境实际上还不能称为人工环境。更确切地说，
236 由于它是超自然的，因此，人越来越习惯于这种环境，以至于最后使这种环境成为他生活的必要因素。

人类文明史可以比作一个缓慢的进化过程，其结果是某个新的物种的产生。例如，在动物的自然史上，可以发现动物通过两栖类从海里生活到陆地上生活的进程。与它有些类似的是，两栖的人始于一种自然生活，并渐渐地为他自己创造了一种超自然的环境，虽然生活在两种环境中，但最后趋于一种单一的生活。现今，人已不再仅仅生活在大自然中，而是充分利用了大自然中可见的和不可见的力量。可见的力量是明显地表现的，不可见的力量是隐藏在宇宙能量的奥秘之中的。

人不仅仅从一种有活力的环境进入到另一种环境，而且还构筑了他自己的环境，并如此依赖于它，以至于他将来不能离开自己构筑的这个奇异的环境而生活。他生活在一种人造环境之中。大自然不再像对待其他生物

那样来帮助人。鸟可以在自然界找到它需要的现成食物和用来筑巢的材料。但是，人必须从其他人那里获得他所需要的全部东西。因此，每个人都是与其他人相互依赖的，每个人都通过他自己的劳动，对所有人都必须生活在其中的**那个超自然的环境**做出他的贡献。

但是，如果人因为他自己的所有需要而依赖于其他人，那他至少是自己生活的主人，能够引导他去选择自己的生活。他并不直接受到大自然变迁的影响。他与大自然变迁是相分离的，结果是完全要依赖于人的变化。237
因为这一点，所有人的生活都处于危险之中，人自身也处于危险之中。

去证实儿童具有工作本能的冲动以及去证实在大自然和工作之间的紧密关系对儿童个性形成的影响，那是令人感兴趣的。

大量事实证明，人天生就具有一种工作本能。大自然敦促人依靠他自己构筑某些东西来表现自己的存在，并进而表现出创造这些东西的目的。确实，如果认为人的本意不是参与宇宙的和谐，那是不合乎逻辑的，因为所有的生物都根据其物种的活动本能对宇宙做出各自的贡献。珊瑚通过波浪不停地冲蚀海岸，构成了岛屿和陆地；昆虫采集花粉，使大量的植物得以繁殖；蜜蜂会产出蜂蜜和蜂蜡；蚕会吐出蚕丝，等等。

生物的使命是如此的广泛和重要，地球就是通过生物的工作而得以保存的。生物就像大气层一样遍及地球。确实如此，遍及地球的生物现今已被看作**生物圈**（biosphere）[①]。生物不仅保护其自身的存在，为其物种的生存提供条件，而且它们成为地球维持的一个必要部分，也成为万物和谐的一个必要部分，是构成地球上万物和谐的必要因素。

事实上，动物生产的东西多于它们自身生活所必需的东西，其结果是

---

① 生物圈，即生命层，指地表有机体（包括细菌）及其生存环境的总称。——译者注

造成的剩余东西远远超过它们自身生存的直接需要。它们是宇宙的工作者
238 和自然法则的遵循者。当然，作为优秀工作者的人也必须遵循这些自然法则。他构筑了超自然的环境，产品的丰富不仅是与生存的实际情况相符的，而且更是与一种宇宙万物秩序的功能相符的。

人的如此完美的工作不一定是由他的需要激发的，而应该是由他的工作本能的神秘设计激发的。若要儿童自然地成长发展为成人，他的成长发展就必须与他的主导本能紧密联系起来。

儿童与成人的冲突

儿童与成人之间的冲突所造成的后果几乎无限地扩展到人的一生，就像一块石子扔进平静的湖面时所引起的水波一样。其结果是，在它以一种同心圆形式向四面八方扩散时产生了涟漪。

对水的涟漪的观察，会使人们追溯到生理疾病和心理疾病的起因，医学和心理分析学确实对此已有所发现。在探究心理疾病的最初根源时，心理分析学家肯定要经历漫长的路程，就像寻找尼罗河源头的那些探险家一样，必须经过长途跋涉，越过一些大瀑布，才能到达平静大湖的源头。试图探索人的心灵弱点和失败原因的那些科学家，必须越过直接的原因，越
239 过已意识到的和可以理解的原因，进行更加深入的探究，才能到达作为源头的平静湖泊，这就是儿童的身体和心灵。

但是，如果我们想沿着相反的方向进行探究，如果我们对以其基础形成的秘密写成的新的人类史感兴趣，我们也可以从儿童早期的平静湖泊开始，沿着奔流不息的生命之河进行探索，河水从高山上的泉眼涌出，再沿着山坡顺流而下，在它的艰难行程中弯弯曲曲地穿过障碍和飞下深渊，完全没有约束，直到汹涌湍急的水流在终点停止奔腾。

如果最折磨成人身体、心理和神经的疾病确实可以追溯到童年时期的话，那么，我们就可以在儿童的生活中发现它们的最初征兆以及一步一步成为这些疾病的迹象和原因。此外，我们还要考虑到另一个事实，那就是，每一种严重的和明显的疾病都源于无数较轻的疾病。相比之下，疾病被治愈的人要多于死于疾病的人。如果疾病标志着一个体弱的人无法抵御病害，那么，对一种疾病的分析就可以预防同一类型的疾病。

反常的情况会使一个人失去身体健康或心理健康，就如地球气候的变化会引起海洋波涛的起伏一样。我们在检查水是否可以饮用时，只要提取一小部分样品就行了。如果它被污染了，我们就可以断言其他的水也被污染了。同样，当我们看到大量的人死于疾病或陷于精神错乱时，我们必须说， 240
整个人类犯了某种错误。

这并不是新的观点。在摩西时代，人们就已经知道，人之初就有了罪恶，一种预示整个人类败坏和堕落的原罪。原罪似乎是一个不合理的和不公正的观念，因为它可能包含了对人类的所有子孙的定罪。然而，我们可以看到一个相同的事实，因为我们发现天真的儿童承受着人在发展中所犯的错误而带来的不幸后果。在人类生活的基础上所存在的冲突中，我们可以找到错误的原因，但这种冲突的巨大后果从未被探究过。虽然要求儿童和成人相互友好地生活在一起，但他们却常常是处于不断的冲突之中，因为他们不能相互理解，所以，破坏了他们和谐生活的基础。于是，产生了一种难解之谜。

儿童与成人之间的冲突产生了许多不同的问题。其中有些问题是清楚和明确的，影响了外部的社会关系。成人有一个如此复杂而强烈的使命要完成，而且他感到自己必须去完成这个使命。如果要成人停止自己的工作而去适应儿童的节奏和满足儿童发展的心理需要，那他会发现自己很难做到这一点。但是，另一方面，日益复杂和紧张的成人环境越来越变得与儿童不相协调。我们可以设想一种简朴的和平静的自然生活，儿童在那里可以找到一个自然的庇护所。儿童看到成人以缓慢的节奏从事简单的工作，
241 他的周围就是家畜和可以随意触摸的其他东西。他可以触摸东西和尝试去工作，而不会遭到任何反对。当他感到困倦时，他自己就睡在树荫下。

但是，人类文明慢慢地使儿童与社会环境接近。所有一切都约束太严，范围太窄，障碍太多，节奏太快。① 不仅忙碌的成人的快节奏是儿童的障碍，而且机器的出现像旋风一样刮走了儿童在世界上可以避难的每一个小庇护所。于是，儿童不能有活力地生活。对儿童的照管，主要就是使他的生命避开他周围的外部世界中正在增多的危险。因此，儿童就变成了一个避难的人，一个孤立无助的人，一个受到奴役的人。没有人想到需要为他的生活创设一个专门的环境，也没有人考虑到他的活动和工作的需要。

我们有必要认识到，之所以存在着两个社会问题——成人的社会问题和儿童的社会问题，那是因为存在着两种生活方式，所以，要考虑这两种需要。在每一个领域，都有一种已经在做的必需的工作。成人的工作和儿童的工作两者都是人类生活所必需的工作。

成人的工作

242 成人的任务就是构筑一个超自然的环境。他必须用他的活动和智慧努力进行一种外部工作，我们称之为“生产劳动”。其性质是社会的、共

① “可怜的是，孩子们有一点迟钝，因此，他们是如此与众不同。为此，肯定需要在心理上适合于他们的年龄，这就是他们大脑成熟的一个自然条件。在讨论所有的孩子气时，有一种观点是：世界应该有理智地去了解、有耐心地去看护以及有慈爱地去培养。”见艾丽丝·梅内尔的《未准备好》——英文本译者注

同的和有组织的。要达到在社会中工作的目的，人必须遵守由社会法则所制定的必要规范。这些规范是他们自愿遵守的，以达到共同的目的。因为他们认识到，这样的法则是有秩序和有成效的社会生活所必需的。但是，除了那些社会生活所需要的法则和人类群体世代相传的法则外，还有其他的法则，它们隶属于人的自然天性以及人自身的工作。对所有人和所有时代来说，这样的法则都是共同的。可以发现，其中一条法则适用于所有生物，这就是劳动分工法则。对人类来说，它是必不可少的法则，因为他们生产不一样的东西。与个人劳动者有关的还有另一条自然法则，那就是劳动效益法则，即付出最少的精力而获取最大的生产效率。这是一条非常重要的法则。与其说它表达了尽可能少干活的愿望，还不如说希望能以最少的努力获取更多的产出。这条法则非常实用，甚至适合于替代或完成人的劳动的机器。

这些就是适用于工作的社会和自然的“有效法则”。但是，并不是一 243
切事情都按照这些“有效法则”进行的，因为人能支配来用于工作和创造财富的资源是有限的，所以，人处于生存竞争的斗争之中，结果发生了这些“有效法则”运用的退化。

于是，人的恶习出现了，剥削他人的劳动取代了劳动的自然分工。劳动效益法则悄悄地被强迫他人劳动的原则所取代：“让他们去劳动，这样我就能安逸地从他们的劳动中得到好处。”因此，在财产权的伪装下，这种退化的原则与“有效法则”的结合致使剥削他人劳动的社会形态确立起来了。

儿童在本质上是与成人生活在一起的自然人，但成人很少考虑到他的存在。他与成人的社会劳动毫不相关；他的活动也与社会生产毫不相关。实际上，我们必须在自己的意识中明确这个原则：儿童不可能参与成人的社会劳动。如果我们把体力劳动描绘成铁匠使用沉重的锤子敲打铁砧，那儿童显然不能做出这样的努力。如果我们把脑力劳动描绘成科学家在一些困难的研究中使用精密的仪器，那儿童显然不能在这方面做出最小的贡献。或者，如果我们想到立法者在制定最好的法律，那成人的地位永远也不会被儿童所替代。

因此,儿童与成人社会基本上是不相干的。儿童所处的地位可以用《福
244 音书》(*Gospel*)中的那句话来表达:“我的王国不在这个世界。”对于成人在大自然之上所建立的人为世界来说，儿童是一个局外人。在他诞生的那个社会中，儿童是一个**卓越的**超社会的人。在我们看来，儿童不能使自己适应于社会，既不能参与生产劳动，也不能参与社会组织，甚至还是这种既定秩序的破坏者。儿童的确是一个社会外的人，他一直在打扰成人，甚至在他自己家里也是这样。儿童是有活力的，他也不会放弃他的活动，这种情况使他更加不能适应成人社会，于是，成人需要拼命去压抑儿童。成人必须教导儿童不要干扰或烦恼他们，直到他被驯服为止。否则，儿童就要被移送到一个单独的地方去生活，那个地方并不是关押那些违反社会法律的成人的监狱，而是一个有点相似的地方，它的名称是“托儿所”或“学校”。儿童被移送到这些地方，直到他能平静地生活在成人世界之中。只有到那时，儿童才可以被社会接纳。但是，他首先必须像一个没有公民权的犯人一样服从成人，对于成人社会来说儿童甚至就是一件没有价值的东西。成人是儿童的主人；儿童必须无条件地服从成人的命令，这种服从命令被看作**先天的**。

年幼儿童一无所有地来到了他的家庭。对儿童来说，成人像上帝一样强大,儿童能够从他那里获得生活的必需品。成人是儿童的创造者、恩赐者、监护者和执法者。从来没有一个人像儿童依赖成人一样，完全地和绝对地
245 依靠另一个人。

儿童的工作

相比成人，儿童也是一个工作者和生产者。虽然他不能参与成人的工作，但他有自己的工作，一种伟大的、重要的和困难的工作，这实际上就是造就人的工作。从诞生起，新生儿孤弱无助，没有意识，不能说话，不能站立，但他以完美的形式最终成长发展为一个成人，他的心理活动通过所获得的一切而变得丰富起来，并闪烁出精神的光芒，这就是儿童工作的结果。因此，完全是儿童自己造就了人。在这个工作中，成人是无法替代儿童的。与儿童被排除在成人的超自然的社会秩序和生产劳动之外相比，成人更清楚和更明确地被排除在儿童的“世界”和“工作”之外。儿童的工作与成人的工作是截然不同的，属于另一种秩序。人们可以说，它们事实上是相互对立的。儿童的工作是潜意识完成的，因为他还没有使一种神秘的心理能量主动地参与创造。但是，它实际上是一种创造的工作，也许它是人的创造的奇观景象，正如《圣经》中进行了象征性的描述。在说到人汲取了一种神圣精神时，《圣经》只是说人是“被创造的”。但是，对于人是如何被创造的以及原来一无所有的人是如何通过创造获得所有的智慧
和力量的，我们可以在每一个儿童身上看到这件事情的所有细节，并对此 246
表示赞美。我们的眼睛每天都在注视这种奇迹般的景象。

人诞生后发生的事情都会在所有人身上再现出来。我们发现了永生的源泉，死亡就意味着复生。我们可以不断地重复说：“儿童是成人之父。”（the child is father to the man）现实清楚地表明了这一点。成人的所有权力都来自这位“成人之父”达到完全实现其秘密使命的可能性。然而，为了使自己处于一个真正的工作者的地位，儿童不满足仅仅通过冥想和休息来创造人的模式。相反，他通过活动进行工作，通过不断的活动进行创造。我们

必须清楚地意识到，儿童也是为了他的工作而利用他的外部环境，即成人利用和改造的相同的外部环境。儿童通过活动得到发展。他的建构活动实质上是一种进入外部环境的真正的工作。

儿童在练习和运动中获得经验。因此，他学习协调自己的运动，并吸收来自外部世界的情感，把它融入自己的智慧。通过特别注意听别人说话和尽可能的努力，他勤奋地学会了说话。通过不倦的努力，他成功地学会了站立和奔跑。在这个发展过程中，儿童就像世界上最认真的学生遵守一个课程表一样，就像星星按照同样不变的恒性沿着无形的轨迹运动一样。
247 在儿童的每一个年龄阶段，我们将能测量儿童的身高是否达到他应有的标准。我们知道，五岁儿童将达到一个智力标准，八岁儿童又将达到另一个智力标准。由于儿童将服从大自然为他所制定的计划，我们也能够预测十岁时他的身高将是多少、他的智能将是如何。因此，通过他自己不断的活动、不懈的努力、获得的经验、遇到的挫折以及他自己克服困难的尝试和斗争，儿童一步一步地完成了艰难而崇高的任务，而且总是具有一种新的完善的形式。事实上，成人在完善环境，而儿童在完善人自身。儿童的努力就像一个人在不断奔跑时的努力，直到实现他自己的目的为止。所以，成人的完善取决于儿童。

我们成人依赖于儿童。在儿童的工作领域中我们是他的孩子和侍从，就如同在我们的工作领域中儿童是我们的孩子和侍从一样。在某一个领域中，成人是主人；而在另一个领域中，儿童是主人。因此，儿童和成人是相互依赖的，他们都是国王，但都有各自的王国。这是人类达到和谐的基本结构。

两种工作的比较

由于儿童的工作由在外部世界的真实物体上进行的一些活动所组成，

因此，它可以成为具体的研究对象，以确定儿童工作所遵循的法则和方式，248
并把儿童的工作与成人的工作进行比较。儿童和成人都在他们的环境中进行一种直接的、有意识的和自主的活动，严格说来，这种活动可以被认为是“工作”。但是,除这种相似之外,他们各自的工作都有一个要达到的目的，这种目的是无法直接知道的并根据意愿去达到的。最低级的生命，包括植物在内，不借助环境就不可能存在。更确切地说，生命是一种外部世界的能量，不断地重组着一个环境，从而不断地使其自身保持创造，否则这个环境将会解体。例如，珊瑚虫的直接劳动就是从海水中吸取碳酸钙，并由此形成保护自己的外壳，但对环境来说它们的目的是形成新的陆地。由于这个目的远离珊瑚虫的直接劳动，因此，我们可以通过科学研究了解到大量有关珊瑚和珊瑚礁的知识，但我们不会发现一块新的陆地。对所有生物来说，尤其对人来说，其道理或多或少是同样适用的。

但是，每一个致力于创造一个成人的儿童，都具有一个直接的、可见的和确定的目的。尽管我们可以从每一个方面去研究儿童的生命，了解和发现有关儿童的每一件事情，从他的身体细胞到他的所有功能的最微小细节，但我们仍然不能发现一件事情——成人的形成。

现今，不管怎样，成人和儿童的直接工作与他们的目的相距甚远，但都意味着要利用环境进行工作。

大自然有时候在最简单的生物上揭示了它的某些秘密。例如，在昆虫 249
中,我们可以注意到两种真正的生产劳动的产品形式。其中,一种是蚕的丝，这种光亮的线被人们编织成珍贵的织品；另一种是蜘蛛的网，它是由脆弱的丝组成的，人们迫不及待地要破坏它。丝是蚕这个仍处于幼年生长过程中的生物工作的产物；而蜘蛛网是成年蜘蛛工作的产物。毋庸置疑，我们面对的是两个不同的劳动者。所以，当我们说到儿童的工作并把它与成人的工作进行比较时，我们是说两种不同种类的和具有不同目的的活动，但两者又都是同样真实的活动。

现在，我们需要了解儿童工作的特征是什么。当年幼儿童工作时，他并不是为了实现一个外在目的而这样做的。他的工作目的就是工作本身。当他重复一个练习时，他就使自己的活动达到一个目的，这个目的是不受外界因素所支配的。就儿童的个人特征而言，他工作结束后甚至不会有劳累的感觉，因为他的特征在自己的工作中得到更新并充满活力。于是，我们可以说，儿童的工作是对一种内在需要的满足，这是一种心理成熟的表现。外在目的被作为整体来考虑，就是说，它是儿童进行工作的目标。儿童所考虑利用的目标和目的本身变成内在活动的唯一手段。这种内在活动并不是与目标和目的密切相连的，仿佛这是一种决定机械活动的机械装置，
250 但心理肯定是起作用的。由一种准确认识而引起的重复行动是通过动作的完成和目标的实现而得到的。所有这一切是形成运动的必需而复杂的动机。儿童觉得需要重复这个练习，不是为了完善他的操作，而是为了建构他的内在生命，重复练习的次数随花费的时间而定。精神胚胎所固有的隐藏法则正是儿童的秘密之一。

这表明，在儿童工作与成人工作的自然法则之间存在着一种差异。儿童不遵循劳动效益法则，而且正好是相反。他把大量的精力消耗在一个满足其内在需要的目的上，在完成每个细节时花费了他的所有精力。所以，这种外在目的和行为只是偶然具有重要性。在外界环境和儿童内心生活完善之间存在着这样一种特别引人注目的关系，这种关系肯定会活跃一个人的精神生活。一个发现他自己的精神已升华的人不会再依附于外在的东西，他仅仅会在适当的时候为了他的内心精神完善而利用它们。相反，一个仍处在自我层次的人仍然会被某些外在的东西和目标所迷住，以至于准备不

惜一切代价去追求它们，有时甚至会到损害健康和丧失生命的地步。

毋庸置疑，成人工作和儿童工作之间的另一种明显差异是，儿童的工作不允许剥削他人和缩短时间。儿童必须独自地进行工作，直到完成全部 251
的工作。没有人能够承担儿童的工作，代替他长大。要成为一个二十岁的人，他就必须过上二十年。事实上，正在成长发展的儿童的特征是，他必须遵循一个计划和进程表，既不许犯错误，也不许加快速度。大自然是严厉的，对由于功能的偏离，即我们称之为“反常”或“迟钝”所引起的任何不服从的行为，它会给予惩罚。使我们感兴趣的是，把儿童看作大自然的学生，他完全依据一种自然能量而行动。这种自然能量对他进行指导，并给他安排一个将完成的任务。他对大自然的忠诚，甚至超过中世纪骑士忠诚于他们的骑士称号。儿童将在生理需要和心理能量上得到发展，尽管其计划是由大自然所制定的。说到儿童如何去这样做，他如何开始自己的内部建构，这是他不会展现的一个秘密，就像那位勤奋的学生对自己正在做什么保持沉默一样。只有在一些特殊的环境中，我们才会有一些新的发现。可以说，儿童作为大自然的学生，必须经常通过考试，也就是说，儿童必须通过特别的努力使自己达到成长发展的不同阶段。这就是从昆虫到人的所有未成熟的生物都要经过的敏感期。

在这些敏感期中，敏感性是这一特定发展阶段的特征，后来它才会消失。“敏感性”这个词意指一种专门的和敏锐的能力，即一种活动的能力。作为一个特定发展阶段的特征，这种能力也是短暂的，所以，对于那些似乎不再具有这种能力的人来说，它必定是令人惊讶的。事实上，我们可以说，由一个处在进化过程中的生物得到的每一种收获都有可能在敏感期里实现， 252
正如那位勤奋的学生不仅要在每一门科目上通过考试，而且为了升级要在相同的科目上通过考试一样。

通过活动的发展

生物在进化过程中的那些敏感期是大自然的最伟大的奇迹之一。它们仅仅是在幼年时期所发现的本能，表现为一种引导去获得物种特征的内在指导。因此，发展并不是一些模糊的东西，而像一种物质的逐步积累或一种固有的世袭需要。这是一个受一些短暂性本能细心指导的过程。这些本能常常提供了一种敏锐的感受性和一种趋于专门的活动形式的冲动。很清楚，这种过程通常是与成人的活动不同的。事实上，我们可以说，在儿童的活动与成人的活动之间的最大差异是：成人在达到他的完美境界和他身体的充分发展的同时，也使他的物种的本能实体化，这将引导他以一种稳定的方式在外部世界中行动。然而，儿童通常缺乏与他的本质有关的一些不再变化的本能，而具有大量易变的和连续的本能，这将引导他获得成人状态的特征。

这样的敏感性是那些短暂性本能发展的结果，从而使我们能够理解
253 连续不断的大自然活动。同样，在对身体外表进行更深入的了解时，我们发现一些器官和组织在其中起着作用，这就对一种有活力的肌体的存在提供了一种详细的解释。于是，通过有关心理顺序的现象，我们可以探究在身体外表下面的东西，去发现儿童成长发展所依赖的各种活动。确实，儿童的敏感期有时候使他具有一种令人惊讶的力量。我们可以注意到，一个儿童的感觉特别敏锐，例如，他的眼睛对色彩和大小就很敏锐，这引导他把注意力集中在他的环境的最微小的细节上。令人十分惊讶的是秩序的敏感期，使儿童去注意一些外在物体以及它们在环境中的位置。通过这种敏感性，儿童就能够调整自己，而大自然是不可能在他身上养成这种能力的。

儿童具有一种与成人不同的动机原则。成人是在一种外在动机的推动下而行动的，要求竭尽全力以及忘我地和不倦地工作。如果成人要胜任他自己的工作的话，那么，他过去作为儿童时也必须很好地工作，以使自己将来成为一个强有力的人。但是，成人失去了他的早期敏感性，大自然将会发现他不是一个好学生，因而不能通过大自然的严格考试。成人也不会去仿效儿童。

儿童是在奇妙的敏感性的推动下得到成长发展的，并带有爱的智慧。这激励他不屈不挠地趋于外部世界，使他把所获得的事物印象作为一种精神乳汁。他必须吮吸这种精神乳汁，以滋养他的内在生命。这就是为什么儿童的心理表现形式会是热情的冲动、细致的努力和持续的耐心。 254

如果儿童厌烦工作，他就得不到成长发展，也就不能增强自己的力量。他通过工作得到成长发展，这是工作会增强他的能力的原因。他从来不要求减轻自己的工作；相反，他会要求允许自己去工作和允许他独自去工作。儿童成长发展的任务就是他的生命，他必须真正地工作或休息。

没有意识到这种秘密的成人是不能理解儿童工作的。其实，成人从来就没有理解过儿童的工作。这就是他为什么会阻止儿童去工作，他为什么会假设儿童在成长发展中最需要的是休息的原因。成人为了儿童做每一件事情，因为他仅仅是受他自己劳动的自然法则，即最少的努力和最节省时间的法则所指导的。由于成人比儿童更迅速和更熟练，因此，他帮儿童穿脱衣服，帮儿童洗脸洗手，给儿童喂食，怀抱儿童或带儿童外出散步，在安排他自己的环境时不许儿童帮忙。

当儿童被允许拥有一个小房间时，他显示出自己渴望防御的第一个迹象，那就是呼喊：“我的房间！我要整理自己的房间！我整理自己的房间啦！”

在我们学校为儿童准备的那个专门环境中，儿童自己找到了一句表达这种内在需要的话：“帮助我，让我自己来做！”这种自相矛盾的需要是多么意味深长！成人必须帮助儿童，但应该用这样的一种方式去帮助他，即让儿童可以独自地活动和在外部世界中进行他自己的实际工作。这句话不
255 仅描述了儿童的需要，而且描述了儿童从他的环境中获得的东西。儿童的周围必须有一个生气勃勃的而不是死气沉沉的环境。他不仅需要一个自己能支配和享有欢乐的环境，而且需要一个将帮助他去展现自己能量的环境。显然，这种环境必须是一种提供各种活动的环境，受一种更高的智慧的指导，并由一个准备承担他自己使命的成人来安排。在这一方面，我们的观念既不是要成人为儿童做所有的事情，也不是要成人在一种被动的环境中让儿童放任自流。

像肉体胚胎一样，精神胚胎需要一种充满生气的环境，并能在这种环境中得到发展。这意味着，仅仅把儿童放在与他的身体和力量相称的环境中是不够的。帮助儿童的成人还必须学会如何去这样做。如果成人因为一种致命的误解，不帮助儿童自己去做事情，而是由他代替儿童去做事情，那么，成人将成为儿童心理发展中最隐蔽的和最大的障碍。在这种误解中，在成人工作与儿童工作之间的过多竞争中，展现出有关人与他的工作之间的斗争的最初的和重要的戏剧性场面，也许它是所有有关人类斗争的戏剧性场面的起源。

这种情况是那样细致和广泛地提醒我们，肉体胚胎的组织必须得到保护，并处于一个提供保护的环境之中，因而它们所包含的形式将不会遭受破坏。无疑，为了儿童，为了人的精神胚胎，我们必须构筑一个能提供保
256 护的和充满活力的环境。现在，仅仅使儿童得到与他的身体相称并被指定用于锻炼他的建造能力的某些工具，那是不够的。一般讲，仅仅给喜爱儿

童及与儿童关系最密切的母亲和成人提供一些建议，那也是不够的。所需要做的是一些更为广泛的事情，因为儿童不仅表现出使他自己得到满足的愿望，而且表现出整个生命得到发展的需要。然而，成人仍然没有意识到，儿童需要得到最无微不至的关爱。可以毫不夸张地说，人直到现在仅仅建立了**一个为了成人的世界**，因此，人必须认真开始为建立**一个为了儿童的世界**而工作。儿童所受到的待遇是如此复杂和微妙，因此，我们所需要做的事情远远多于对母亲的唤醒或对新型保育者和教师的培训。

对儿童需要的反应必须是教育理念的一种革新，直到最圆满的结果的出现。这将是许多与之相关的科学的中心，将是一种新的生命哲学。

主导本能

我们发现，在大自然中也存在两种生命形式：一种是成熟；另一种是未成熟。这两种形式是截然不同的，甚至是相互对立的。成人的生活以斗争为特征。这种斗争可能如拉马克（Jean B. Lamarck）[1]所阐述的，是适应环境的斗争；或者，如达尔文（Charles R. Darwin）[2]所阐述的，是竞争和自然选择的斗争。后一种斗争不仅是为了物种的生存，也是为了性别竞争中的选择。

人在社会生活中所发生的事情，完全可以与成年动物中所发生的事情 257
作一比较。这里我们也发现，自我保护和抵御敌人的努力，适应环境的斗争和劳动，以及爱与性的征服。在这样的斗争和竞争中，达尔文看到了进

① 拉马克（1744—1829），法国博物学家。1802年，与德国博物学家特莱威拉纳斯同时提出“生物学”一词。最先提出生物进化的学说。主要著作有《无脊椎动物的系统》《动物学哲学》等。——译者注

② 达尔文（1809—1882），英国博物学家，进化论的奠基人。主要著作有《人类起源及性的选择》等。——译者注

化的作用，即生物的逐渐完善和适者生存的作用。同样，唯物主义历史学家也把人的进化归于他们之间斗争和竞争的结果。

在阐释人类史的时候，我们唯一掌握的材料是有关成人的各种活动。但在大自然中，并非如此。相反，生命在大自然中生存和自身发展的真正关键，是在年幼生物所构成的篇章之中，它展现了无数神奇的和多样的生物。在所有生物发展得强大而足以能够去斗争之前，它们是弱小的；在具有任何适应器官之前，它们已经开始存在了。没有一种生物是作为一个成年个体开始其生命的。

因此，在生物的内部肯定存在着另一种形式、另一种资源和另一种冲动，它们不同于强大的个体和环境之间相互作用时所呈现的东西。“自然界的童年”（*childhood in nature*）这一章包含着生命的真正关键，因为成年个体的经验只是解释生物的一些偶然发生的事情。

生物学家对生物的幼小生命进行研究，使大自然的这个最奇异和复杂的部分清楚地呈现出来了。它们显示着，所有生物充满着惊人的现实和无限的可能。总之，整个自然界充满着诗意。在这个领域中，生物学已经发
258 现并遵循物种的创造能力和生存能力，展现作为生物的内在指导的本能的存在。这些本能可以被称为“主导本能”，它们不同于大部分的冲动本能。冲动本能是与一种生物对其环境的直接反应相关联的。

在生物学中，根据本能的目的，所有现有的本能基本上可以分为两类：一类是为了个体的保存；一类是为了物种的保存。这两类本能都可以在短暂的或持久的反应中发现。例如，个体与它的环境之间的短暂冲突。同时，在个体保存和物种保存这两种情况中，都存在着个体生命保存所必需的其他固定的和指导的本能。例如，与个体保存相适应的本能之一就是防御，它引起对任何敌对的或有威胁的东西的抵抗。在与物种

保存相适应的本能中，有一种短暂的反应会导致性别的联合或冲突。由于这些短暂的反应更激烈和更明显，因此，生物学家首先对它们进行了观察和研究。但后来，更多的研究是专门注意与个体保存和物种保存有关的本能，它们具有更持久的特征。这些主导本能与生命自身所具有的无数功能有着密切的关联。这样的本能并不像微妙的内在敏感性、**内在生命**那样对环境有那么多的反应，就如纯粹的思维完全是心理的一种内在特质一样。我们可以继续把它们看作在生物内部起作用的一些神圣思 259
想，导致它们对外部世界的行动，以实现它们的神圣计划。所以，这些主导本能并没有短暂斗争的冲动特征，而是以知识和智慧为特征，引导生物航行在时空的大海（个体）中，并穿越永恒（物种）。

这些主导本能是特别令人不可思议的，因为它们对生命刚开始的婴儿提供直接的指导和保护。这时，婴儿几乎还很不成熟，但他仍然走上趋于充分发展的道路。在这样的一个阶段，婴儿还没有这个物种的特征，既没有力量，没有耐力，也没有生物竞争的武器，甚至没有为了保证其生存而获得最终胜利的希望。这时，主导本能立即以一种母性方式和教育方式而行动，这两种方式都会被隐藏起来，就像从一无所有中进行创造的秘密一样。在一种无助的生命自身既没有拯救手段也没有拯救力量时，这样的主导本能给它自身带来了安全。

其中，一种主导本能是与母性有关的。法国昆虫学家法布尔和其他的生物学家把这看作物种生存的一个关键。另一种主导本能是与个体生长有关的，荷兰生物学家德佛里斯在对敏感期的研究中已做了描述。

虽然母亲是物种中的生育者，在保护年幼者方面起了最大的作用，但母性本能并不仅仅局限于母亲。这种母性本能在父母双方都可以找到，有 260
时它遍及整个生物群体。从对这种母性本能的更深入的研究中，我们可以看到，这是一种神秘的能量，与现存的个体并没有必然的联系，而是作为物种的一种保护而存在的，甚至是没有实体的。

因此，“母性本能”一词是与物种保存有关的主导本能的一般术语。在所有生物中，某些特征支配了这个领域。母性本能意味着成年生物为了确保其生存而牺牲所有其他的本能。一头凶猛的动物会表现出对它来讲是非自然的温柔和耐心。一只为了寻食或为避开危险而飞走的鸟会密切地注视着它自己的巢，并寻找其他避开危险的方法，但绝不会采用迁徙的方法。物种的一些固有本能会突然改变它们的特征。许多物种会为建造一个庇护场所而工作。除此之外，在很多物种中表现出一种建造和工作的倾向，但这种倾向在其他的时候在同一种生物中从未发现过。因为一旦它们长大了，它们就会按自己所发现的那样去适应大自然。这种新的物种保护本能，使它们的建造活动的目的在于为新生的后代准备一个隐蔽场所。在这个方面，每一个物种和每一种生物都服从一种专门的指导。没有一种生物是把它最初发现的材料随便地聚集起来的，或者仅仅适应于它在某个地方建造的方式。实际上，母性本能所给予的指导是确定的和精确的。

各种不同的鸟建造它的巢的方式是具有不同特点的。在一些昆虫中，
261 我们发现一些建造工作的令人惊讶的例子。例如，蜂巢是名副其实的王宫，它建造在精确的几何线上。为了新的一代，整个蜂群共同建造这个巢。还有其他虽然并不很壮观但极为有趣的勤劳的例子。例如，蜘蛛为了防御它的敌人编织出一只稀疏的大网。但是，它突然改变了自己的工作，忘记了自己的需要，开始密集编织一只新的非常精致的小袋，它是完全不透水的。这个小袋通常由两层组成，以抵御蜘蛛栖息地的寒冷和潮湿。因此，蜘蛛确实具有与适应气候有关的智慧。蜘蛛在这个小袋中安全产卵，但它竟会

如此强烈地依恋这个小袋。在某些实验观察中，可以注意到这样的蜘蛛，它的身体是灰色的和黏滑的，不用多少观察就可以发现其体内有一个心脏。当蜘蛛痛苦地看到它的小袋破损或遭到毁坏时，它就会悲哀地死去。事实上，可以发现，蜘蛛是那么紧紧地依附着它的小袋，以至于这似乎成为它自身的一部分。因此，蜘蛛的爱集中在这个小袋上，而不是在卵上，也不是在那个最终要从卵中孵出来的小蜘蛛上。实际上，它似乎完全没有注意到小蜘蛛的存在。本能指导这位母亲在没有物种的生命作为它的直接对象的情况下，为这个物种去工作。因此，存在着**一种没有对象的本能**，它不可阻 262
挡地活动着，表现出对一种内在命令的服从，做它必须要做的事情，爱它应该爱的东西。

蝴蝶在它们的整个生命期间以花蜜为食，并不需要任何其他的引诱物或食物。但是，在蝴蝶产卵的时候，它们从不把卵产在花朵上。它们受到另一种本能的指导。这种寻找食物的本能是适合于个体变化的，导致它们去寻找另一个环境，一个适合于新物种需要食物的环境。这些蝴蝶没有意识到这样的食物，正如它们从未知道自己就是从幼虫孵化出来的一样。这样，昆虫自身就携带了大自然的指令，这种指令是与它们自己不相干的，但对这个物种是有益的。瓢虫和类似的昆虫也从来不把它们的卵产在叶子的顶端，而是产在叶子较低的部位，以便从卵中产生出来的并以叶子为食的幼虫在那里得到保护。在大量从来不以植物为食物的其他昆虫中，我们也可以发现一种类似“智力思考”（intelligent reflection）的现象。所以，它们具有一种理论知识，知道什么东西是对其后代更适宜的营养，甚至能够预见到可能来自雨水和阳光的危险。

带有物种保存使命的成体生物改变它的特征及它的自然状态，似乎支配它自身的法则通常在一段时间里会被搁置起来，而处于一种期待大自然的某件伟大的事情，即创造奇迹发生的状态。然后，它做一些不是为了生存的事情，人们可以说，它是在这个奇迹面前举行了一种典礼活动。

263 事实上，自然界最辉煌的奇迹之一是，尽管新生儿完全缺乏经验，但其所具有的力量能使他们发现自己的道路和防御外界的伤害。通过在敏感期的部分短暂的本能的指导，他们能够做到这一点。确实，这种本能真正地引导他们克服接连不断的困难，以不可阻挡的力量不断地激发他们。很清楚，大自然并没有给成人如同新生儿所拥有的那种保护。大自然有自己的法则，并严密地注视着这些法则是否得到遵循。成人必须在保护物种的主导本能所规定的限度内进行合作。正如我们常常在鱼和昆虫中所看到的，成体生物和新的生物的两种不同形式的主导本能是以明显不同的和各自的方式起作用的，也就是父母和子女从不满足。另一方面，在高等动物中，这两种本能渐渐协调一致地工作。母性的主导本能和新生儿的敏感期是一致的，这使得母亲和儿童之间产生了有意识的爱，或者形成了一种母性关系。这种母性关系还扩展到整个有组织的群体，由群体承担对新一代的照料。我们发现，这种情况也出现在诸如蜜蜂、蚂蚁等群体生活的昆虫中。

爱和牺牲并不是物种保护的原因，相反，物种保护是正在起作用的主导本能的一个结果。主导本能是伟大的和创造的生命实验室的基础，决定着所有物种的生存和繁衍。生物在照料它们后代时所具有的情感，不仅使
264 大自然赋予它们的任务更加容易完成，而且提供了它们在完全服从大自然指令时所能感受到的特殊乐趣。

如果我们希望正确地了解整个成人世界，那我们可以说，支配这个世界的法则会周期性出现遭到破坏的情况。所以，似乎被认为那么绝对的和不可变更的自然法则被搁置起来了。这些神圣的法则被终止了，停止了工作，

仿佛让位给一些更高级的事情。它们服从一些与自己相抵触的因素，也就是说，它们仍怀疑在物种的幼年生命中出现的一些更新的法则，由此，通过不断地搁置和更新自然法则，生命得以永恒地维持下去。

现在，我们可能要问，人是如何适应这些自然法则的呢？可以说，人是一种最高等的综合体，他自身包含了低等生物的各种自然现象。人集中体现它们，并超越它们。更有甚者，凭借着心灵的特权，人用由想象、情感和艺术构成的心灵的灿烂光辉来增强它们。

那么，生命的两种形式是如何展现在儿童和成人中间的呢？它们是在哪些令人崇敬的方面展现自己的呢？事实上，这两种生命形式并不是显而易见的。如果我们要在人类世界中寻找它们，那我们必须说，只有一个成人的世界，其主要特征就是为努力适应环境而斗争以及为征服外界环境而工作。人类世界的活动全部集中在征服和生产上，似乎不存在其他的重要 265
事情。人类的努力在竞争中被抵消和削弱了，就像一把锋利的刀碰到一个护胸甲一样。如果成人以对待自己生活的同样逻辑来看待儿童的生活，那他就会把儿童看作一个不同的人、一个无用的人，并远远地避开他。或者，通过所谓的“教育”，成人试图尽早地直接把儿童引入自己的生活方式之中。如果可能的话，他会像蝴蝶那样弄破幼虫的茧，命令它飞翔；或者像青蛙那样，把蝌蚪拉出水域，尽力要它在陆地上呼吸，并把它难看的黑皮肤变成绿色。

成人或多或少就是用这种方式来对待儿童的。成人向儿童展示他们自己的完美和成熟以及用他们自己的历史人物作为榜样，并期望儿童模仿他们。但他们没有认识到，儿童的不同特征需要一种不同的环境和生活手段，以适应另一种生存方式。[①]

266 人是进化程度最高的生物，被赋予更高的智慧，是他的环境的主人，拥有强大的力量，在工作能力上远远超过其他的生物。那我们如何解释人类对待幼小生命时所存在的这种错误观念呢？

人是他自己的环境的设计师、建设者、生产者和改造者，然而，他为自己孩子所做的事情要比蜜蜂和其他昆虫为其后代所做的事情少得多。难道人类完全缺乏保存生命的这种最高级和最基本的主导本能吗？面对物种生存依靠宇宙生活这种最令人震惊的现象，难道人类真的是没有能力和熟视无睹吗？

人应该同样感觉到其他生物感觉到的东西，因为在大自然中所有东西都是变化的而不是被毁灭的。尤其是支配宇宙的那种能量，是不会被毁灭的。

---

① 艾丽丝·梅内尔在她自己的散文中，不止一篇地把过去时代的有关感觉迟钝的历史证据带入童年时期。在《十七世纪》(*The Seventeenth Century*)中，她写到了露茜·哈钦森(Lucy Hutchinson)“作为一个儿童，例如，那些重要的时代希望一个儿童应该是如此的，也就是说，她是一个被忽视的儿童，因为作为一个时代的主要标记可能就是如此的。作为一个发展的人生阶段，童年时期并没有被推迟；作为一个不完美的人生阶段，童年时期并没有得到改善；作为一个没有活力的人生阶段，童年时期并没有被揭示出来，除非表现出其特性的早熟。总而言之，童年时期肯定是有缺陷的”。此外，在《那个机灵的人》(*The Pretty Person*)中，她进行了如此的注解：“因为最初的摇篮曲只是（母亲的）有耐心的预言，所以，两百多年前，教育只是（父亲的）一种不耐烦的预言，涉及儿童的整个身心状态。”因此，对约翰·伊夫林（John Evetyn）的孩子来说，“杰里米·泰勒（Jeremy Taylor）的吊唁信中的‘那个机灵的人’是尤为珍贵的，因为这是从未与他一起生活的人的画像”。

“伊夫林和他同时代的人对儿童用了尽可能多的词语，如果不能更多的话。当一个贫困家庭儿童长到八岁时，他们称他为少年。……难以想象的是，没有人去关注童年时期，看看其中有没有什么乐趣。当所有一切都适合于五岁儿童时，那就是一种缺点。”

“他们严肃地对待自己孩子，没有一点点宽容。伊夫林根本没有谈到他自己的带着微笑表情的孩子。在他的日记中，只有两次提及孩子。一次是他同照料五岁孩子的女仆结婚——这是一件不可思议的事情，但显然不是一个敏感性的机会。另一次是在一所法国医院里，一个正在经历外科手术的不到九岁的少年‘表现出特别有忍受力’，他站在旁边看。‘我这样做的好处是，对上帝的仁慈之心表示感谢，使我没有经受这种糟糕的疾病。’这就是伊夫林所说的。”——英文本译者注即使它们偏离了自己的对象，但它们仍然会保存下来。

人是一个建设者，但他在哪里专门为儿童建造一个场所呢？儿童应该 267
生活在一个美丽的地方。在那里，人展现他自己的最高的艺术形式，这并不是由任何外在需要决定的。在那里，大量的爱的冲动能够积聚起来，并不是用于生产物质财富的。是否有这样一个地方，人在那里会感到需要抛弃他自己一贯的行为模式，会意识到斗争并不是他生命中的主要事情，并终于认识到挫败他人并不是生存的秘诀和生活的要事。难道自我克制是生命的真正方式吗？难道没有一个地方能够让心灵渴望打破像铁镣一样的法则而与外部世界紧密相连吗？难道不存在对促进新的生命奇迹的急切渴望吗？难道不存在对超越个体生命并达到永恒的某种东西的追求吗？只有当人认识到必须放弃他自己的矫揉造作的观念时，他才会准备去相信这是拯救生命的道路。因为当人的幼小生命诞生时，他是会产生这种情感的。这引导所有生物中止它们的自然规律，使自己成为祭品，只有这样，生命才能朝着永恒的方向前进。

是的，在这样的地方，人感到不再需要征服，而需要净化和纯洁，因此，
他渴望单纯和平静。在那种纯化的平静中，人寻求生命的更新，就如同寻 268
求从人世间的重负中复活一样。

是的，人类必须具有崇高的情感，具有超越他们所面对的日常生活的伟大抱负。这是一种使所有人为之振奋的神圣的声音，大声召唤人们一起聚集在儿童的周围。

第二章　作为主人的儿童

成人的自我认识

269 当今研究的最重要的问题之一，就是探索人的主导本能。在没有先例指导的情况下，我们开始了这样的探索。在这个方面，我们的主要贡献是提出了问题。但它仅仅开始了这条新的探索道路，因为直到现在，我们自己的成果还不是很多，只是证实了这种主导本能的存在，并初步指出如何进一步对它进行研究。

只有在正常儿童，即自由地生活在适合于他们发展需要的环境中的儿童身上，才有可能进行这种研究。因此，一种新的天性如此清楚地展现出来，以至于无可争辩地表现出它的正常特征。

无数的经验给我们显示了一个事实：在教育和人类社会组织这两个领域进行着同样的革新。很清楚，如果人类社会组织的本质和人们所了解的是不同的，那么它本身应该是不同的。但是，教育可以指出成人社会正常化的道路。这样的社会改革不可能来自少数改革家的理论或能力，而只能
270 来自从旧世界中缓慢而稳固地浮现出来的一个新世界，这就是儿童和青少年的世界。新的发现以及对社会正常生活必需的自然指导，就是从这个世界中逐渐展现出来的。设想理论的改革或个人的能力能够消除由于对儿童的压制以及在这个世界中所形成的巨大弊病，那确实是愚蠢的。没有人能够消除实际上从童年时期起就不断发展的不正常现象，因为只要儿童不能按照自然法则成长发展，而受到心理畸变的折磨，人将永远是不正常的。

这种能够帮助人类发展的能量潜藏在儿童身上，但尚未被发现。

现在是重申“了解你自己”的时候了。这句名言激发了通过现代医学和卫生学对人的身体健康做出更大贡献的所有生物科学，这几乎标志着一种更高水平的人类文明，一种以生理卫生学为特征的人类文明。但是，在心理领域，人仍然没有了解他自己。有关人体知识的最初研究是通过对人的尸体解剖进行的，而对人的心理的最初研究是通过对新生儿的研究来进行的。人们仿佛可以说，没有这些基本考虑，就没有人类文明的进步。社会问题所涉及的所有问题仍然还没有解决，例如，科学的现代教育学中所设想的那些问题。因为教育的改善只能建立在儿童正常化的基础之上。 271
实际情况表明，不仅教育问题变得难以解决，而且儿童实际上也失去了自我。更重要的是，这种结果并不是人们所期望的，而是使人们感到不可思议的。

对成人也许应该提出同样的要求。他们确实也面临着一个问题，用“了解你自己”这句话来表示——认识指导人的心理发展的根本法则。但是，儿童早已解决了这个问题，并开辟了一条实际的道路。除此之外，实际上不可能存在任何解决方法。试图获取权力的那些心理畸变的人，为了他们自己可能会去拥有各种好东西。但在各种好东西能够被利用之前，它们就被破坏了，因而变成人类生活的一种危险。这就是为什么任何好东西、任何发现、任何发明都可能会增加困扰世界的不幸的原因。正如我们在机器的例子中可以看到的，机器对我们来说是社会进步的最现实的形式。可能意味着文明提高和社会进步的每一个发现，既可以用于破坏，也可以用于战争，还可以用于个人发财致富。在物理学、化学、生物学方面所取得的进展以及新的交通工具的发现，只是增加了破坏、贫穷和野蛮暴行的危险。所以，除非人的正常化被公认为社会生活的基本成就，否则我们不能寄希望于外部世界。只有到那

272 时，所有的物质进步才能带来真正的幸福和更高的文明。

所以，我们必须把儿童作为我们自己未来生活的灯塔。任何希望为了社会利益而实现某些目标的人，必须毫不犹豫地关注儿童，不仅使他摆脱心理畸变，而且从他那里了解我们自己生命的实际秘密。从这一点来看，儿童本身的形象是强有力的和神秘的，因为儿童身上隐藏着我们的天性并成为我们教师的秘密。

父母的使命

儿童的父母不是他的创造者，而只是他的守护者。他们必须保护和关爱儿童，在最深刻的意义上，把这看作一种神圣的使命，并远远高于对物质生活的兴趣和观念。因为对儿童来说，成人是超自然社会的守护人，直接服从拥有最高权力的天使，并与尚未被唤醒的儿童结合在一起，而不能与儿童分离。为了这样的使命，儿童的父母必须净化大自然已赋予他们心中的爱，他们必须理解这种爱是一种有意识的和带有深切感情的指导，不应该被自私或懒散所污染。对父母来说，他们应该关心今天所面对的这个社会问题，关心世界上为承认儿童权利而进行的斗争。

近年来，对人的权利，特别是对工人的权利已经讲得很多了。现在，
273 应该是讨论儿童的社会权利的时候了。工人权利这个社会问题已成为社会变革的基础，因为人类的生存唯一依赖于人的劳动。从整体来看，这个问题是与人的物质生活联系在一起的。但是，如果说工人生产人类所需要的消费品，工人是物质财富的创造者，那么儿童生产人类自身，他有更大的权利要求社会变革。很明显，为了使未来的人从儿童那里获得更大的力量和更大的益处，人类社会应该给予儿童最周到和最好的关爱。

然而，事实上，人们忽视和遗忘了儿童，甚至折磨和扼杀儿童。也就

是说，人们并没有认识到儿童的价值以及他的力量和他的基本特征。这个事实应该被认识到，这种感觉应该以强烈的方式唤起人类的觉醒。

儿童的权利

直到最近，确切地说，直到本世纪初①，社会才开始关爱儿童。过去，社会对儿童一直是忽视的。儿童完全被托付给他诞生的家庭照管。他所拥有的唯一保护就是他父亲的权威，这或多或少是两千年前的《罗马法》（Roman Law）所规定的一种遗俗。在如此漫长的一个时期里，人类文明已经取得了进步，对服务于成人的法律也做了改进，但儿童仍然没有得到任
何的社会保护。对于儿童来说，他所得到的仅仅是他所诞生的家庭在物质、 274
道德和智力上提供的帮助，而社会丝毫没有感到对他有任何职责。一直到现在，社会从未要求家庭应该在任何方面做好准备，以便恰当地关怀自己孩子的成长发展。国家在制定官方文件时，对条文的最小细节是如此谨慎，对有关其权力的条文是如此关注，但对未来父母保护子女以及为他们的适宜发展提供条件的能力却毫不关心。国家也没有为父母们承担自己的职责提供任何准备或教育。国家所考虑的是，在需要建立一个家庭时，所要做的只是举行相关的结婚仪式。从所有这一切，我们可以断言，社会对这些年幼的工作者始终是漠不关心的，尽管大自然已经赋予他们发展人的天性的任务。但与成人已经得到的大量利益相比，儿童被认为是不属于人类社会的，并一直处于被流放和被遗忘的状态。他们是社会之外的、孤立的，既没有任何沟通手段，也没有任何社会地位。儿童确实是受害者，但社会并没有意识到这一点。

---

① 指20世纪初。——译者注

实际上，儿童就是受害者。

275 确实，如同科学认识到儿童是受害者那样，大约在半个世纪前，医学开始对儿童感兴趣。那个时候的儿童甚至比现在的儿童遭到抛弃的情况更为严重，既没有研究儿童的专家，也没有专门为儿童设立的医院。当统计数字显示儿童在诞生后第一年有较高的死亡率时，它在社会上引起了震惊。人们开始考虑，虽然有很多儿童诞生，但也只有相当少的儿童能存活下来。幼儿的死亡似乎是很自然的，以至于一些家庭用这样的想法来自我安慰，即他们的孩子直接进入了天国。为此，人们对小天使的离去做好了一种特殊的精神准备，也就是说，上帝希望把他们召唤到他身边。那么多的婴儿死于无知或缺乏适当的照管，以至于他们的死亡被看作无辜婴儿的正常杀戮。

当人们开始认识到这些事实时，一场旨在用一种新的责任感唤醒人们意识的运动广泛地开展起来了。父母们被告知，他们仅仅给子女生命是不够的，他们还必须保全子女的生命。科学已经告诉父母应该如何去做，他们必须获得新的知识，受到恰当地关爱子女健康所必需的教育。

但是，儿童并不仅仅在家庭里遭受痛苦，对学校的科学调查也揭露了儿童所遭受的痛苦。在19世纪最后十年中，医学发现和研究了工人的职业病，并为社会卫生学打下了基础。于是，人们发现，除了缺乏卫生知
276 识所导致的传染性疾病之外，儿童也有他们的“职业”病——这是他们工作的结果。

儿童的工作是在学校里进行的。在那里，他们被关闭起来，拼命地学习，承受社会强加给他们的痛苦。在学习阅读和书写的时候，儿童长时间俯伏在桌子上，导致了脊椎的收缩和胸腔的变窄，使得他们容易患肺结核。由于长时间被强迫保持同样的姿势，儿童的脊柱变得弯曲了；由于长时间

拼命阅读而光线很暗，儿童的眼睛得了近视；由于整个身体长时间被限制在狭窄和拥挤的地方，儿童的身体变得衰弱了。

然而，儿童的痛苦不仅是身体上的，而且是精神上的。儿童的学习是强制的学习，导致了他们的沉闷、恐惧、厌倦和精疲力竭。他们变得懒散、沮丧、忧郁、染有恶习、缺乏自信，没有任何童年的欢乐。

多么不幸的儿童！多么受压抑的儿童！

儿童的家庭并没有意识到所有这一切。父母唯一关心的是看到他们的孩子通过考试，尽可能快地学习功课，这样就可以节约时间和费用。他们并不关心学习本身或文化知识的获得，而仅仅是对社会的要求、强加的责任、
承受的重担和钱财浪费的职责做出反应。所以，他们认为，重要的是子女 277
应该用尽可能短的时间获得进入社会生活的通行证。

对学校儿童的一些调查，揭露了其他一些令人吃惊的事实。许多儿童到学校时，早已被早晨的劳动弄得疲惫不堪。在上学之前，有些儿童已经走了很多里路给住户送牛奶，或者在街头卖报纸，或者在家里劳动。因此，他们到学校时既疲倦又饥饿，只希望能够休息一下。这些贫困家庭儿童常常由于不注意听课和不能理解讲课内容而遭到教师的惩罚。教师出于他的责任，更多的还是出于他的权威，企图通过惩罚来唤起这些疲惫不堪的儿童的学习兴趣。他用威胁的手段强制儿童服从，或者通过在他同伴面前指责他能力低下或意志薄弱来进行羞辱。如此不幸的儿童因在家里受到压制和在学校里受到惩罚而耗竭他们的生命。

这些早期调查揭露的如此不公正的情况，激起了强烈的社会反响。学校进行了改革，有关的规定也迅速作了修改。医学的一个新的和重要的分支出现了，那就是学校卫生学。它对所有文明国家的学校改革产生了有益的影响。医生和教师一起为学生的健康进行工作。我们可以说，这是社会

278 第一次对原来在人的天性上的潜意识错误的改正，标志着对儿童做出社会性补偿的第一步。

如果我们回顾这个最初的觉醒并追随整个历史的进程，我们无法找到揭示人们承认儿童权利或敏锐意识到儿童重要性的明显事例。基督耶稣把儿童召唤到他那里，给他们指出成人是他们进入天国的向导，并唤醒成人摆脱愚昧无知。但是，成人仍然继续只是想着去改变儿童，把他自己作为儿童的完美典范。看起来，这种可怕的愚昧无知仿佛是完全不可治愈的。人类的心灵是多么神秘啊！这种愚昧无知仍然是一种普遍现象，也许像人类一样古老。[①]

事实上，从古至今，在每一种教育理想中，在我们时代的所有教育学中，“教育”（education）一词始终与“惩罚”（punishment）一词具有相同的含义。教育的目的总是把儿童隶属于成人，成人使他自己代替了大自然，使他自己的意图和目的代替了生命的法则。不同的民族具有不同的惩罚儿

279 童的方式。通常，在私立学校里，指出所使用的惩罚也许如同指出自己的纹章。一些人使用羞辱的方法，例如，在儿童头颈上悬挂一块使人丢脸的标牌，把驴的耳朵竖在他的头上，或者使儿童当面受到任何过路人对他的侮辱和嘲笑。还有一些人所使用的惩罚常常是对身体的折磨，例如，强制儿童面对角落站立几个小时，无所事事使得人疲倦和厌烦，看不到任何东西，

① 这里所摘录的两段令人感兴趣的引文来自艾丽丝·梅内尔的《那个机灵的人》（*That Pretty Person*）。“旧时文人曾兜售说：究竟是水果为了花朵，还是花朵为了水果，还是水果为了形成外壳保护内核的种子呢？看起来，就人的生命而言，我们的先辈似乎已经最专断地回答了这些问题。”

“但是，从后一个世纪——一个在旅行中可以发现所有一切的时代起，人们对航行和旅行的渴望并没有消逝。在他们的时代，所有一切都是完美的，因为那就是他们自己的时代，具有其约定的结果。与其说是勉强地相信这一点，还不如说是预先形成了一种观点，因而使得儿童的童年时期最后被看成纯粹是一种缺陷。”——英文本译者注

但他们的意志迫使自己坚持站立在那个位置上。

还有其他的一些惩罚，例如，使儿童裸露膝盖跪在石头地上，或者在公众面前受到鞭笞。现在，对这种野蛮的惩罚方式已做了巧妙的改进，其理论是家庭和学校在教育中要联合起来。在学校里已受到惩罚的儿童被责成回家时要告诉他父亲，由此他父亲可以对教师的惩罚再添上一些责骂和惩罚。然后，这个儿童又被责成将他父亲写的便条带回学校以作为一个证明，表明至少家长已经知道自己孩子在纪律上所犯的错误行为并给予了指责。因此，这个儿童被宣布不适合佩戴十字形饰物。

在这种情况下，没有一个人保护儿童。儿童能求助于什么法庭呢？他甚至还没有罪犯所享有的申诉权。在儿童苦恼时可以作为一种安慰的庇护场所在哪里呢？根本就没有。学校和家庭都赞同对儿童采用惩罚，因为如果不采用惩罚，教育的作用就会降低。

但是，家庭并不需要学校提醒它去惩罚自己的孩子。对家庭所采用的各种惩罚方式进行了调查，其中有一个调查是由国际联盟（the League of Nations）[①]附属的教育机构发起的。这些调查表明，即使在我们的时代，没有一个国家的儿童在他们家里是不受到惩罚的。他们被训斥、羞辱、鞭打、打耳光、撵走、关禁闭，甚至威胁要受到更严厉的惩罚，被剥夺跟其他儿童游玩之类的娱乐活动或不许吃糖果和水果。这些活动或东西正是儿童唯一的庇护场所，是他们在不知不觉中所承受那么多痛苦的唯一补偿。最后，有的家庭的禁食惩罚改在傍晚，儿童被强制不吃饭就去睡觉，因而要带着悲伤和饥饿度过整个夜晚。

虽然在有文化教养的人中采用惩罚的做法已经迅速地减少了，但并没

① 国际联盟，第一次世界大战末，由胜利的协约国首倡建立的国际合作组织。第二次世界大战期间，该组织停止活动。1946年，联合国成立并取代了国际联盟。——译者注

有完全消失。父母仍然习惯性地用刺耳的和威胁的声调对子女进行粗暴的训斥。人们已经习以为常地认为，成人应该拥有惩罚儿童的权利，父母可以打自己子女的耳光。

然而，对成人的体罚现在已经被取消了，因为它是一种社会耻辱，它使人失去尊严。我们不禁要问，还有什么事情会比侮辱和伤害儿童更卑劣
281 的吗？显然，在这个方面，人的良心完全麻木了。

人类文明的进步如今不是依靠个人的进步，也不是来自人的心灵的炽烈热情，而是一台难以理解的机器受到来自外部力量的推进。从整体来看，这种推动力就是不屈不挠地向前运动的巨大的社会力量，不受个人情感的影响。向前！永远向前！

社会就像一列长长的火车，以令人眩晕的高速度朝着某个遥远的目的地前进，构成这个社会的个人可以比作在车厢中熟睡的旅客。我们发现，对任何帮助或救助生命的法则来讲，处于睡眠状态的心灵是社会进步的最大障碍。如果情况不是这样的话，那么，在运输工具日益加快的速度与人的精神日益增强的冷漠之间就不存在这种危险的反差，社会就能迅速地进步。走向社会改革的第一步，也是最困难的一步，就是唤醒正在昏昏沉睡的和毫无知觉的人类，强迫他去倾听正在召唤自己的声音。

现今所需要的是，社会应该全面意识到儿童及儿童的重要性，并真诚地努力把儿童从他所处的巨大危险的深渊中拉出来。为了填掉这个深渊，人们必须建设一个适宜于儿童需要的世界，并承认儿童的社会权利。然而，社会所犯的最大罪恶就是浪费了本该花费在儿童身上的钱，这样既毁灭了
282 儿童，也毁灭了社会本身。社会就像是一个任意挥霍原本属于儿童的祖传财富的监护人。成人社会把钱花费在他们自己身上，然而很清楚，他们财富的很大一部分原本应该分给子女们。这个真理存在于生命本身，它甚至

可以在最低等的昆虫中发现。为什么蚂蚁要储存食物呢？为什么鸟要寻找食物并把它啄到自己的巢里去呢？大自然并没有为只想自己耗尽所有东西而不顾自己后代需要的成人提供任何榜样。然而，成人并没有为儿童做任何事情，他的努力不过是保护儿童的身体而已。由于浪费的社会急切需要钱，因此，它就从学校中取钱，尤其从保护人类生命种子的幼儿学校中取钱。社会之所以能从这些学校中取钱，那是因为没有人站出来和发出声音来保护这些学校。所以，这是人类最坏的罪恶和最大的错误。社会甚至没有想到，当它把这些钱用于制造战争工具时，就导致了双重的毁灭。这种双重的毁灭分别是通过阻碍生命和带来死亡来实现的，但这两种毁灭是同一种错误的产物。因为社会没有努力确保生命的发展，所以，人只能以一种不正常的方式成长发展。

因此，成人现在必须重新组织起来，不是为了他们自己，而是为了他们的孩子。虽然他们必须大声诉求一种权利，但他们固有的愚昧无知已经阻碍自己看到这种权利，然而，这种权利一旦得到确立，就不会受到怀疑。
如果社会是儿童的一个不可靠的守护人，那它现在必须把儿童的财富和公 283
正还给他们。

所有父母都肩负着一个伟大的使命。他们是唯一能够和必须拯救自己孩子的人，因为他们具有在社会中组织起来的力量，并能在共同生活的实践中采取行动。他们必须意识到大自然托付给他们的使命的意义，这个使命使他们高于社会，并使他们能够支配所有物质环境，因为他们的手中确实掌握着人类生命的未来。

如果父母们不这样做，那他们的行为将会像彼拉多一样。

彼拉多在各方面都是有权威影响的，因为在他后面有罗马的强权，帝国的权力统治了所有其他的权力。

彼拉多是可以解救基督耶稣的。他本可以这样做，但他没有做。

民众出于他们的古代成见以及对所实施的法律和习俗的偏执，要求处死那个无罪的人，即救世主，而彼拉多仍然是犹豫和迟疑的。

彼拉多肯定在想：“如果这些都是流行的习俗，那我能做什么呢？”

于是，他洗了自己的手。

他有权说：“不，我不会这样做！”但是，他没有这样说。

当今父母的行为就像彼拉多一样，把他们的孩子扔给了社会习俗，任凭它去摆布，并认为社会习俗具有如此的权力是必然的。

因此，儿童的社会悲剧产生了。社会把儿童交给他的家庭去照管，而没有感觉到对儿童的丝毫责任；家庭又尽量把儿童交给社会，因而把他关
284 在学校里，使他脱离整个家庭的照管。

这样，儿童重复了基督耶稣的受难，从希律大帝（Herod）[1]那里被送到彼拉多那里，在两位权力者之间被抛来抛去，这两个人都想把他推给对方。

没有呼吁保护儿童的声音。然而，有一种呼声应该有力量去保护儿童，那就是血肉的呼声，生命力量的呼声，以及他父母的人权的呼声。

当父母的意识觉醒时，他们将不再像彼拉多一样行动，保护弥赛亚，但又否定他的神威，并限制他和鞭打他，还第一个羞辱他说：“看，人啊！”

记载这个事实的历史，并不是评价对基督耶稣的一种保护，而是评价他第一次受难的一段经历。

看，人啊！

是的，儿童将承担一种使命，就像基督耶稣的受难一样。

---

① 希律大帝（公元前73—前4），罗马统治时期的犹太国王，希律王朝的创建人。——译者注

但是，所有的开始都在于“看，人啊”。注视着人。在他身上并没有上帝。他是缺乏温暖的，他受到了能够保护他的更高权威的羞辱和鞭打。

之后，儿童被公众和社会当局拖走了。对于儿童来说，没有一个场所比学校更适合于他的天性的需要。但是，那些高大的建筑物仿佛是为一群成人提供的，每一样东西，例如，门窗、灰色的走廊、设有装饰的和暗黑色的墙壁等，都是与成人的生活相称的。许多儿童将穿着肮脏的黑色制服，度过他的整个童年时期。在童年时期开始时，他的家庭就抛弃了他，因为 285
那个门不让他们进入。家庭和社会这两个方面出现了分离，因而造成了两种责任的分离。对于悲伤和失望的儿童来说，他的内心因为恐惧而在颤抖。这好像他站在门口读着但丁在地狱门外的铭文：

通过我，人进入悲叹之城，

通过我，人转为堕落之人。

这是一种严厉的和威胁的声音，要求儿童与其他陌生的同伴一起进入，作为邪恶的人受到民众的审判，而且必须受到惩罚。但丁的诗句再一次被想起：

“你真不幸，罪恶的灵魂。”

儿童将走向哪里呢？

儿童将走向他应该去的地方，在那里他将是心荡神驰的。

但是，儿童已经被做出判决，他将进入一间教室。当儿童走进为他自已所安排的班级时，一些人会像但丁作品中的米诺斯（Minos）[①]一样去做，把儿童的整个身体捆绑起来，在指定的圈子里展示堕落的灵魂。但是，到处都是永恒的悲哀，也无法逃避。

在儿童进入那个为他指定好的班级后，教师将会关上门。从此，教师把一群幼小的心灵置于她的控制之下。

教师将会关上教室的门。

家庭和社会把他们的儿童交给了一个权威机构。人类把他们自己的种子撒向空中，风将把种子带到更遥远的地方。从此以后，那些娇弱的和焦
286 虑的儿童长年累月整天都极度痛苦地与那些木制课桌椅捆绑在一起。

在严厉的看管下，儿童的手脚不能移动，就像基督耶稣的身体被永远地钉在十字架上一样。他倚靠在课桌旁，两只小脚并在一起保持不动，两只小手也合在一起保持不动。当儿童自己渴望获得真理和知识的时候，教师却把她自己的思想强制性地灌输到儿童的心灵中，儿童顺从地低下小脑袋，好像蒺藜把他的头刺出血一样。

由于世界上人们相互不理解而发生战争，因此，深深地刺痛了充满着爱的幼小心灵。人类文明的发展表明，对相互理解的渴望将是一步一步去实现的。

逝去灵魂的墓穴早已准备好了，当这个披着它的所有伪装的灵魂被埋葬在那里时，仿佛在嘲笑的看守者将被聚集在墓穴旁看着它不再复活。

但是，儿童又一次复活了，他恢复了活力，并重新生活在成人之中。

正如爱默生（Ralph Waldo Emerson）[②]所说的，儿童就是持续不断地降生在堕落的人中间的弥赛亚，以引导他们走入天国。

---

① 米诺斯，根据希腊神话，是克里特岛的国王，死后成为阴间三个法官之一。——译者注

② 爱默生（1803—1882），美国散文作家、诗人。主要著作有《论文集》等。——译者注